GW01607681

Querido diario esencial

Tazarte

Querido diario esencial

Aprender a existir

mr

Ilustración de portada: © Marjan Roshan, 2024
Diseño de la cubierta: Planeta Arte & Diseño
Fotografía de Tazarte: archivo del autor
Diseño de interior: María Pitironte

Ediciones Martínez Roca, sello editorial de Editorial Planeta, S. A.
Diagonal, 662-664, 08034, Barcelona (España)
www.mrediciones.es
www.planetadelibros.com

Primera edición: junio de 2024
Depósito legal: B. 9.368-2024
ISBN: 978-84-270-5263-5
Preimpresión: Safekat, S. L.
Impresión y encuadernación: Liberdúplex
Printed in Spain - Impreso en España

A mi mami, por la vida.
A mi papi, por la fortaleza.
A mi hermana, por la compañía.
A Óscar, por el apoyo.

Y a ti, por estar aquí.

ÍNDICE

INTRODUCCIÓN

La casualidad o causalidad ha puesto este libro en tus manos, ahora mismo formáis parte del mismo instante cósmico. Las decisiones que tomes a partir de ahora generarán un impacto inevitable en la cadena de causas y condiciones que moldean tu devenir. En unos momentos tomarás una primera decisión [suena música dramática]: aventurarte en sus páginas, o mantener su contenido lejos de tu experiencia de vida. Ambas resoluciones son igual de válidas, dado que nada es vano y el bien y el mal son una ilusión, pero si decides embarcarte en esta aventura debes saber que será un viaje de no retorno. Un relato íntimo y personal con una alta carga introspectiva y gran sabiduría adquirida de doctrinas milenarias del estudio de la mente y el espíritu... y también con un poco de caca, culo, pedo, pis, je, je. Es que no deja de ser un *Querido diario,* amor, aquí uno se expresa un poco como le nace... Vale, ya he perdido el tono serio del principio y ahora me va a costar recuperar la credibilidad. Volvamos a donde estábamos.

A veces todo a tu alrededor se desmorona. Nos sentimos perdidos y nos abruma la cantidad de decisiones, consecuencias, propósitos, caminos y cuestiones que se presentan ante nosotros. Pero no abordarlas es no vivir, porque la vida es precisamente todo esto. Ahora, también te digo, ¿quién nos enseña a salir airosos de tanta responsabilidad? Porque a veces dan ganas de abrir un agujero en el suelo y meter dentro la cabeza como un avestruz. Hubo un momento de mi vida que lo cambió todo, atravesé la época más oscura y curiosamente ahí encontré la luz. Una hermosa luz revolucionadora que empezó a iluminar mi camino y que, para mi sorpresa, provenía de mi interior, y no, no eran gases. A partir de esta experiencia reveladora se abrió una puerta hacia los conocimientos milenarios y desentramados de la mente. Aprendí a ver la vida desde otra perspectiva, una conectada con nuestra naturaleza, no solo más sana y satisfactoria, sino capaz de atraer y hacer realidad mis más hermosos sueños. Tomé en mis manos la capacidad de convertir mi vida en una bella experiencia. El viaje dejó de ser una constante lucha para convertirse en una travesía vívida e interconectada donde cosechar milagros no solo es posible, sino divertido.

Querido diario esencial. Aprender a existir no es un libro de autoayuda, no es un manual de psicología, no es un relato autobiográfico (ni que fuera yo Madonna), tampoco es un libro de comedia, aunque sí haya muchas payasadas. Es un poco todo eso, pero sobre todo es un viaje emocional que recoge los principios sagrados del entrenamiento mental y espiritual para aprender a entendernos primero, y a existir prósperamente después.

En este libro podrás leer mi vida capítulo a capítulo desde que nací hasta ahora, como si leyeras mi diario personal, y podrás sentir las subidas y bajadas del viaje como yo lo hice. Usaré mis experiencias y anécdotas como espejo para que tú reflejes las tuyas, por lo que no es solo mi *Querido diario,* sino también el tuyo. Todo lo que he aprendido es ahora un regalo para ti.

Verás que se divide en tres bloques, el primero, el Nacimiento, está dedicado a nuestra inocencia e ingenuidad al llegar a un mundo con tantos estímulos donde es muy fácil perdernos; el segundo, la Revelación, trata ese momento en el que caemos en lo más bajo, pero aprendemos a reconectar con nuestra verdadera naturaleza para resurgir de las cenizas más sabios y libreados que nunca; y el tercero, los Maestros, está centrado en estrategias que nos ayudarán a transitar los retos de la vida diaria, a hacer limonada de los limones, vamos.

En cada capítulo encontrarás relatos personales, recursos que he ido adquiriendo durante mi evolución, cuentos ancestrales con moralejas y mensajes que sanan el corazón y desbloquean revelaciones, además de frases y citas que resumen en pocas palabras la esencia de las enseñanzas más valiosas. Para cerrar el círculo y hacer de este libro una experiencia completa y transformadora, encontrarás al final de cada capítulo una sección con ejercicios, prácticas y preguntas llamada «Plantando semillas». La idea es que dediques un tiempo a reflexionar sobre lo que se ha tratado en esa sección para que puedas aplicarlo a tu vida diaria. Te vendrá genial acompañar la lectura de un pequeño bloc de notas, porque vamos a mover esos engranajes oxidados a punto de explotar de esa maquinaria ultra poderosa llamada mente. Es hora de ajustarla para que empiece a funcionar como debe. Con estas semillas se desbloquearán nuevos pasajes que dejarán entrar la luz, despejando la incertidumbre que nos impide ver con claridad nuestra naturaleza. Esto quiere decir que aquí tú te vas a mojar igual que yo, amorchi. ¡Prepara los pañuelos!

Se presenta ante ti un libro repleto de conceptos y conocimientos que te ayudarán a adquirir la sabiduría necesaria para erradicar el sufrimiento de tu vida junto a técnicas de creación abundante que te servirán para llenarla de satisfacción. Casi me quedo sin aliento diciendo esto... Y no hay que olvidar las tantas tonterías, chismes y bromas, que viniendo de mí no son de extrañar. ¡Qué le voy a hacer si nací linda, espontánea y estúpida! Además, ¿qué sería la vida sin un cotilleo de vez en cuando o una carcajada? ¡Nada! Pues obviamente no pueden faltar tampoco aquí.

A lo largo del viaje, vamos a vivir juntos un proceso de descubrimiento y deconstrucción, pero también de construcción. Iremos identificando situaciones pasadas que afectan a nuestra forma de ser y veremos revelaciones que las desmontarán de raíz para poder cimentar nuestro templo interior con una nueva estructura firme y próspera.

Este libro es un trayecto compartido en el que juntos nos emocionaremos, reiremos, nos frustraremos, alegraremos, probaremos y disfrutaremos, como en la vida misma. Pero sobre todo será una experiencia donde nos redescubriremos a nosotros mismos.

Si la felicidad es tu propósito, enhorabuena, acabas de encontrar la llave de acceso.

Si continúas a partir de aquí despídete de la persona que eres, abrázala fuerte y dale las gracias, porque la persona que acabará este viaje jamás volverá a ser la misma... ¿Continuamos?

PARTE 1.

EL NACIMIENTO

¿DÓNDE COÑO ESTOY?
La sabiduría en la inocencia de nuestra naturaleza

Querido diario, cuando no sé cómo empezar a contar algo siempre recuerdo que lo mejor es empezar por el principio, así que empecemos por el principio: hoy he nacido. Vale, igual me acabo de ir demasiado al principio porque obviamente no me acuerdo del día en que nací. Aunque sí que me puedo imaginar lo que pensaría al llegar a este mundo en mitad de un parto con complicaciones incluidas: «Tremendo griterío». Y es que según lo que me ha dicho mi madre, yo debía de estar bien a gustito en su tripa porque no quería salir… Hoy en día me cuesta salir de la cama, imagínate salir de una tripa en la que no tienes que moverte ni para comer porque hasta la comida te entra sola por un tubo. ¡Lo único que tienes que hacer es flotar! ¡No se puede estar más a gusto que eso! Mi hermana, sin embargo, que llegaría un año más tarde, salió disparada. Claro, ya había dejado yo el camino hecho y luego ella se lleva el mérito de parto ideal. *Anyway*. Quizás en mi vida anterior venía de un lugar aún más ruidoso que mi parto y al nacer tampoco me pareció para tanto… aunque ya te digo yo que da igual de qué vida pasada vengas, que, si has pasado nueve meses ahí dentro flotando tranquilamente, seguro que al nacer siempre debes pensar: «Tremendo griterío». Menos mal que mi madre es la mujer más bella que conozco y tiene la voz más dulce del mundo porque, a pesar de mi falta de memoria, no me cabe la menor duda de que todo el estrés que pudo suponer nacer valió la pena el instante en que sentí su abrazo y escuché su voz.

Era sábado, obvio elegí el mejor día de la semana para nacer, ya desde el principio siendo considerado para que al día siguiente tuviésemos el domingo para descansar. Si es que a las pruebas me remito, no se puede ser mejor hijo. Cuando mi madre me cogió en brazos lo primero que notó fue lo largas tenía las piernas ¡Querida, qué esperas! La nueva *Victoria Secret model* acababa de llegar al mundo, faltaría más. También dice que tenía las uñas larguísimas, toda una felina. Una vez le pregunté si cuando me vio pensó que era un bebé feo, porque me dijo que al mirarme lloró, y a ver, seamos sinceros, la gran mayoría de niños al nacer parecen una pasa arrugada, una bola de masa con ojos, no tiene nada de malo admitirlo. Pero dice que no, que tenía la naricita y las orejas respingonas y que parecía un duendecito. Vamos, que se nota que es mi madre y que me quiere ciegamente. Tendría que volver yo a ese momento en el tiempo y pedir un espejo para tener criterio propio porque tengo dudas de su palabra. Y pues nada, agarré su dedito y empecé a chupar teta. ¡Quién me iba a decir a mí que sería la única teta que chuparía en mi vida! Supongo que al menos puedo decir que lo he probado una vez. Pues nada, aquí estoy, siendo acariciado por mi mamá, a salvo y sin preocupaciones. Ojalá esto fuese la vida, ¡sería tan fácil y sencilla! Pero en la vida, aunque no quieras crecer, al final siempre creces sin querer. Y con el crecimiento vienen muchas cosas que no son tan fáciles. Como las ojeras. Perdona por ser tan banal, pero es que las ojeras fue la primera cosa dramática que se me vino a la cabeza.

¿Qué pensaba mi cerebrito bebil al mirar el mundo? ¿Ya tenía deseos o simplemente me bastaba con estar en paz? ¿Valoraba más un abrazo que ahora? ¿Disfrutaba del mundo que me rodeaba con más asombro?

Un bebé tiene suficiente con suplir sus necesidades primarias y estar en paz, amado y protegido. No necesita tener la razón, no necesita que su equipo de fútbol gane, ni que le des explicaciones de dónde has estado para dormir tranquilo. Su presente es simple: comer, cagar y dormir. Claro, tampoco tiene que ir a trabajar, preocuparse de las facturas o de si su físico se asemeja más o menos al modelo social de belleza establecido. No tiene que preocuparse de estar a la altura o demostrar su valor como ser humano logrando grandes hazañas, obteniendo títulos o ganándose una reputación. ¿Por qué? ¿Cómo es posible que naturalmente no tenga estas necesidades? ¡Si una vez crece pasará el 90 %

de su vida persiguiéndolas! La verdadera cuestión que emerge de aquí es: ¿hasta qué punto perseguir esas necesidades nos trae más felicidad que no hacerlo? ¿Por qué siempre añoramos la infancia como un tiempo pasado que fue mejor que el actual? ¿Qué tiene la adultez que nos entristece y desencanta tanto de la vida? ¿Qué ha acabado con esos ojitos de niño que observaban todo con curiosidad y entusiasmo? ¿Dónde perdimos la ilusión?

Llenamos la vida de ruido. Ruido es creer que tus diferencias son debilidades. Ruido es creer que debes saber qué quieres hacer con tu vida. Ruido es creer que las cosas son blanco o negro. Ruido es creer que saberlo todo es posible. Ruido es la perfección, es una ilusión creada por nuestra mente, no es natural. A medida que crecemos vamos llenando nuestra vida de ruido. Empezamos a nutrirnos de lo que vemos, oímos, nos cuentan, nos enseñan y empezamos a dejar atrás a ese bebé que estaba satisfecho con comer, reír, cagar y dormir. La lógica aplastante de los niños NO demuestra que somos más inteligentes cuando somos pequeños, obviamente no lo somos, lo que sí somos es menos tendentes a repetir estereotipos y patrones de conducta que vamos absorbiendo al hacernos adultos, y por eso sus ingeniosas salidas nos dejan perplejos. En un examen preguntaron a un niño: ¿Cuántos perros han salido de la caja? Y mostraban una caja abierta y cuatro perros corriendo alrededor. La respuesta lógica a este sencillo ejercicio sería decir cuatro perros, sin embargo, el niño respondió: «No he visto cuál ha salido de la caja y cuál no». Los adultos ya sabemos lo que se espera de nosotros, ya sabemos la respuesta que se espera de la pregunta, por lo que muchas veces somos incapaces de ver la infinidad de posibilidades que la pregunta abre ante nosotros. A veces no encontramos la respuesta porque el ruido nos impide escuchar el silencio, donde se hallan las respuestas. Ese silencio se asemeja a la simplicidad y a la quietud, a la misma sencillez con la que experimentábamos la vida como bebés.

Pero *yes, baby,* aquí ya tenemos todos pelos en el pipi. Ya no somos bebés, por mucho que los pinchazos de ácido hialurónico me mantengan terso y suavecito. Ignorar que la vida y el crecimiento traen consigo grandes retos es ignorar la naturaleza de la vida: la enfermedad, la vejez y la muerte son inminentes, y el dolor es un maestro que nos acompaña en el camino, pero el sufrimiento no lo es. El sufrimiento es el malestar voluntario e innecesario que añadimos a nuestra vida al dejarla a la merced del ruido y no del silencio. Podemos acabar con él, ser conscientes de nuestra naturaleza es descubrir que todo ese ruido que daña es una ilusión que nos impide conectar con lo que verdaderamente nos hace felices: comer, dormir y cagar, amar y ser amados, reír y respirar, descubrir el mundo y nuestros ilimitados límites y mantener la ilusión por estar aquí el tiempo que estemos aquí. Simpleza en la complejidad, como la experiencia de un bebé.

PLANTANDO SEMILLAS

¿Crees que cuando somos bebés estamos más conectados con algo que perdemos a medida que nos hacemos más adultos? Generalmente, la gran diferencia entre un bebé y nosotros es la atención con la que percibimos lo que nos rodea. El bebé se detiene absorto ante los detalles de su entorno, pero nosotros pasamos de largo por la vida intentando llegar a lugares sin darnos cuenta de que el único lugar al que hay que llegar es esa vida por la que pasamos de largo. ¿Cuánto tiempo hace que no nos detenemos a observar conscientemente aquí y ahora?

* Tómate un minuto para pensar en qué situación se encuentra tu vida ahora mismo: profesionalmente, espiritualmente, socialmente..., ¿lo tienes? Pues ahora intenta eliminar todos los prejuicios y preocupaciones, imagina que vuelves a ser un bebé y mira tu vida desde sus ojos: ¿cómo crees que vería la situación en la que estás ahora mismo? Piensa en tus preocupaciones, ¿tendrías ansiedad por lo que hay que hacer esta semana? Compara los aspectos de tu vida en los que se centraría un niño con lo que te centras tú como adulto, ¿cómo te hacen sentir esas diferencias?

* Hoy, en ciertos momentos del día prueba a observar el mundo como crees que lo haría un bebé. Mira a las personas que te rodean, ¿qué crees que pensarías sobre ellos? ¿Observarías o juzgarías? ¿Qué te harían sentir las cosas que te rodean? Acto seguido intenta observarlo como adulto, ¿qué ves ahora? ¿Identificas alguna diferencia? Céntrate en las cosas que normalizas o pasas por alto. ¿Qué conclusión sacas?

* Observa con atención las conclusiones que tu mente saca de los estímulos que van plantándose ante ti en la vida. Por ejemplo, al conocer a alguien nuevo ¿hemos asumido cosas de su personalidad solo por cruzar unas pocas palabras? O ante un reto, ¿damos por hecho cómo creemos que nos desenvolveremos antes siquiera de haberlo intentado? ¿Cómo crees que afectan los prejuicios, los estereotipos y el ruido de la vida adulta en el resultado?

MAGIA POTAGIA, SOY UN ADULTO SIN GRACIA

Volver a imaginar, crear una vida de posibilidades

Querido diario, no sé cuántos kilos de arena me habré sacado del culo en mi vida, pero son muchos. Y es que la mayor parte de mi infancia la pasé de playa en playa, y de volcán en volcán en mi tierra, las Islas Canarias. Dormíamos en una caseta de campaña, en un coche o a la intemperie. Me encantaba revolcarme por las dunas, escuchar los grillos por la noche… Teníamos una vida humilde, pero la suerte de vivir en una tierra abundante con un clima privilegiado donde las condiciones naturales nos permitían disfrutar a bajo coste. Puede sonar como un consuelo, pero la verdad es que ¡no lo cambiaría por nada!

Qué poquito teníamos, y qué poquito nos faltaba.

Bueno, eso lo digo porque nunca he estado en un crucero con todo incluido, que a lo mejor si lo pruebo te digo ¡VAYA MIERDA DE INFANCIA!

Mi nombre, Tazarte, proviene de los antiguos aborígenes nativos de las islas y es también el nombre de la playa en la que mis padres solían acampar antes de tenerme. Una playa bastante salvaje, he de decir, pero bueno, como yo, que me encanta revolcarme en una buena ola y tirarme en los callaos (así llamamos allí a las piedras lisas de la playa). En esta playa mis padres no solo pasaron parte de su noviazgo, sino que sucedió la noche de amor en la que concibieron mi vida. Vamos, que hicieron allí el *ñiqui ñiqui* y fue donde se quedó mi madre preñada de mí. Es por esto que llevo el nombre de esta playa. Cuando mi hermana ya podía caminar, mi padre compró una furgoneta y la arregló entera por dentro. Teníamos de todo, nevera, sillón-cama, litera para mí y mi hermana, baño portable para hacer caca como reina en su trono..., ¡y hasta ducha! Aunque odiaba ducharme, no por puerca sino porque el agua salía fría. Nos recorrimos absolutamente todas las islas del archipiélago en pequeñas escapadas. Dormíamos junto al mar, frente al barranco, en mitad de la nada... y entre estas escapadas y que vivíamos en un pueblo humilde en la montaña, muchas de las primeras veces de mi vida se dieron de mano de la naturaleza. Recuerdo escuchar un pájaro carpintero a lo lejos y verlo por primera vez en libertad, tras acercarme con cariño y precaución siguiendo su sonido hasta poder apreciar su belleza de cerca. Años más tarde un tío mío que disfrutaba criando aves en jaulas me mostraba su colección de pájaros orgulloso y totalmente absorto con su belleza, pero a mí me horrorizaba porque jamás se asemejó a la verdadera belleza de apreciarlos en libertad. El universo formaba parte de nuestro aprendizaje y nos educaba casi de forma natural. Si la ola del mar me daba un revuelco y me dejaba escupiendo dos litros de agua, aprendía lo que era la cautela. Si el gato me arañaba por tratarlo como un juguete, aprendía a tener empatía por el sufrimiento de otros seres. Además, era lo mejor para nuestros padres, ya que hay tanto que hacer ahí fuera que nos tenían entretenidos en lugar de estar detrás de ellos lloriqueando y pidiendo atención. Obviamente necesitábamos del cuidado, la supervisión y la explicación de nuestros padres para transitar el mundo que nos rodeaba sin morir en el intento, pero el universo estaba también haciendo su trabajo y lo hacía maravillosamente aportando infinidad de posibilidades que solo con un ojo atento podemos percibir.

Con el tiempo nos vamos aislando en nuestras cabezas y en nuestras oficinas separándonos de esa interconexión de la que inevitablemente somos parte. Estamos demasiado ocupados y hay muchas cosas que hacer, tantas, que nos convertimos en un cuerpo rígido y desconectado que pulula por el espacio, pero que no fluye con él. Nos convertimos en el propio obstáculo del fluir de nuestra vida, que va dándose golpes con todo lo que se encuentra porque es incapaz de prestar atención a su entorno. Pero con poner a prueba un gesto tan simple como tomar una profunda y consciente bocanada de aire, sentimos un instantáneo y liberador bienestar que confirma que somos parte del Todo que nos rodea aquí y ahora.

Conectar con el universo es como volver a una casa que jamás debimos abandonar.

Yo de niño creía que tenía poderes, que hacía magia con mi mente; así de flipado era. Me sentaba en la orilla del mar y hablaba con él, como lo oyes. ¿Habré sido sirena en mi vida pasada? Quién sabe, la cola la tengo... Jugaba en la orilla a hacer el castillo de arena más bonito o grande que pudiese antes de que una ola del mar lo destruyese. A veces me daba tiempo a hacer hasta cuatro torres, otras veces no había ni empezado la muralla y ya me lo había tirado abajo. Pero no me frustraba, me entusiasmaba el reto y podía pasarme horas volviéndolo a intentar. Recuerdo mirar desafiante al mar, con media ceja levantada antes de que lanzase su próxima ola, y le decía: «Ni se te ocurra, guapi». Y en ocasiones parecía funcionar (sí, daba por hecho que me escuchaba), pero no siempre. Cuando el mar destruía mi castillo, me levantaba y corría tras la ola hasta zambullirme en el agua y darle su merecido, en teoría para castigarle, pero era la parte que más me gustaba. Luego, volvía a la orilla emocionado de volver a enfrentarme al reto de construir un nuevo castillo. Me entusiasmaba demostrarme que era capaz de llegar aún más lejos. Haber fallado anteriormente no me desanimaba, porque no sentía que la voluntad del mar fuese conspirar contra mí, sino motivarme a intentar el reto con más precisión y certeza que antes. Volver a disfrutar levantando el castillo era lo que hacía de esto una experiencia bonita, un juego, como la vida misma. De lo contrario, afrontar el reto en lugar de adictivo habría sido una pesadilla y habría dejado de jugar desde que se derrumbó la primera vez.

Y entonces, ¿qué pasó? ¿Dónde quedó ese entusiasmo por el reto? ¿Por qué ahora basta con proponerme un objetivo para que me tiemblen las piernas? ¿Por qué encontrarme un simple comentario, una mirada, opinión o bache que complique las cosas es suficiente para que quiera tirar la toalla, esconderme bajo una piedra y pedirle a mi mamá que venga a cuidarme?

Como adultos creemos que lo importante es obtener el premio y, si tardamos demasiado, perdemos el interés o directamente pensamos que no es para nosotros, como si por arte divino debiéramos estar preparados para «nuestro destino». Si desde el comienzo no fluye de forma espontánea, creemos que no estamos hechos para ello, y así vamos descartando ilusiones hasta sentir que simplemente no servimos para nada, que somos inútiles, que soñar no es para nosotros. Hemos dejado de entusiasmarnos con el reto porque le quitamos «la gracia» al proceso y lo único que nos importa es el resultado. De hecho, el proceso hasta nos avergüenza. Nos da vergüenza que nos vean intentarlo, que nos vean fracasar, nos hace sentir vulnerables que sepan que tenemos sueños y que estamos intentando alcanzarlos, porque soñar es de niños y ya deberíamos saber que no somos niños. Y es por ello que tener metas en la vida se considera algo de valientes, a veces incluso de ilusos. Muchas veces hasta preferimos vivir en la apatía de una vida sin emociones porque hemos convertido este proceso en una pesadilla, aunque ese niño que fuimos sabe bien que no tiene por qué serlo. La diferencia entre ese niño y el adulto que somos es que ya no aprendemos cosas nuevas, reinventarse es señalado socialmente, no experimentamos, no desarrollamos nuestra creatividad, no nos damos la oportunidad de dar rienda suelta a nuestra imaginación porque como solo importa el resultado, todo lo que tiene que ver con el camino nos incomoda. Hemos dejado de creer en todas estas «bobadas» que antes considerábamos un juego porque ahora tenemos que comportarnos como gente grande. Y, qué quieres que te diga, esto nos deja tiesos como un palo seco, y ¿qué pasa con los palos secos? Que cuando les da el viento se parten.

No reside en la meta, sino en el camino, la clave para alcanzarla y para que conseguirlo o no haya valido la pena.

Así es como en algún momento de la vida, cuando empezamos a escuchar demasiadas veces «¡Pórtate como un adulto!», dejamos de pasárnoslo bien con el universo. Perdemos esa conexión, dejamos de creer en la magia y los milagros, y por ello, dejan de sucedernos. Durante mucho tiempo no volví a hablar con el universo ni siquiera para decirle pícaramente «Ni se te ocurra, guapi», o a interactuar con él para «darle su merecido, tras, tras» con una sonrisa cuando me presentaba retos inesperados. Y obviamente me fui quedando solo, solo con mis pensamientos, solo con mis retos... Curiosamente la relación que tenía de niño con el devenir era más sana que la que fui generando en la adultez, donde tanto ruido colmaba mi cabeza de conceptos que nublaban mi perspectiva y achicaban mi potencial a un simple espejismo de una versión imaginaria, plana y reducida de lo que supuestamente debía ser. Así me iba aislando de esa compañía metafísica que nos brinda el universo del que somos parte, y que solo podemos dejar entrar tras disipar el ruido, y morar en la quietud y pureza del silencio que revela a su paso la simpleza de la vida donde la felicidad es posible.

Pero ¿por qué necesitamos sentir esa conexión con el universo? ¿Acaso el camino de la vida no es naturalmente solitario? Es cierto que no percibimos el exterior desde otro prisma que no sea el nuestro, como observar el mundo a través de la ventana de un enorme y precioso templo en el que solo vives tú. Mientras fuera acontece la vida, dentro siempre resonará el único eco de tu voz, y por eso es tan importante asegurarnos de cultivar una voz armoniosa, que canta y recita hermosos mantras. El templo contiene reliquias valiosas que pretendemos proteger manteniendo sus puertas cerradas, y por ello consideramos la vida una experiencia solitaria, porque al final uno siempre será responsable del cuidado del templo. Pero si abrimos las puertas y ventanas, descubriremos que estos muros y hermosos salones no están aquí para ser protegidos, sino para ser compartidos, y aunque nos roben algunas reliquias, otras nuevas llegarán y harán aún más rica la inigualable belleza del templo. Al embarcarnos en ciertos procesos del camino de la vida siempre tendemos a sentir solitud y muchas veces tomamos eso como algo negativo. Sin embargo, si recordamos cómo jugábamos de pequeños, cuando no nos teníamos más que a nosotros mismos para entretenernos, descubriremos que nuestra imaginación jugaba un papel importante haciendo de una experiencia gris y cotidiana una aventura emocionante y llena de color. Las leyes del cosmos no han cambiado desde entonces, nosotros lo hemos hecho. Pero tan solo necesitamos volver a usar un poco más nuestros ojos de niño para darnos cuenta de que la magia sigue ahí. Como adultos, todas esas cualidades que explotábamos de forma natural de niños, como la imaginación, se han visto amordazadas bajo unos estereotipos que las ridiculizan, cuando en realidad son parte del instinto de supervivencia. Como adultos consideramos real únicamente lo que es tangible por nuestros burdos cinco sentidos físicos, y esto nos deja solos y abandonados ante una vida donde la única satisfacción recae en los placeres sensoriales. Nos olvidamos de dar importancia al sexto y más importante de los sentidos: la mente. Con ella somos capaces de ampliar nuestra percepción y encontrar en cada instante el amor que nos rodea y que nos aleja de esa soledad que tanto define la vida adulta.

Convertimos la vida únicamente en una experiencia solitaria, cuando en realidad no deja de ser un simple juego y ¡jugar siempre ha sido divertido!

El otro día me crucé con una señora de mi pueblo, madre de una chica que era amiga mía de la infancia y me dijo: «Ay, Tazarte, te veo y es que eres el mismo niño que eras, pero en adulto». Es sin duda el mejor piropo que me podían haber dicho, sobre todo sabiendo que no siempre fue así. ¿En qué momento dejé de ver los colores de la vida?

PLANTANDO SEMILLAS

La imagen de la adultez limita muchas veces el abanico de posibilidades creativas y de disfrute que podemos experimentar, y eso convierte nuestra experiencia de vida en un recorrido lineal y monótono. Con estas semillas vamos a desafiar lo que entendemos como adulto y poner a prueba esa rigidez para abrir una vereda a una versión más flexible de nosotros mismos. Esto deconstruye los estereotipos, fortalece el humor y amplía la visión cerrada de una única manera de vivir nuestra vida.

* Haz algo espontáneo y creativo. Anímate a rebuscar en tu interior para encontrar esas cosas que te gustaba hacer de pequeño y nunca retomaste. O quizás algo que siempre has tenido curiosidad por probar, esta es tu señal para no esperar más y proponerte darle un intento este mes.

* Podemos empezar a jugar con nuestra apariencia, encuentra una forma de darle un toque divertido a tu aspecto diario. Por ejemplo, prueba poniéndote un poco de *glitter* en los ojos, sal a la calle, al súper o ve a trabajar así. Da un toque de brillo y diversión a tu día. Llévate el *glitter* contigo, puede que alguien te sorprenda pidiéndote que lo compartas.

* Otra opción sería un pañuelo con color. Píllate un pañuelo con un color intenso o con un patrón que te guste y que sea colorido. Utilízalo para estilizar algunos de tus atuendos del día a día más apagados.

    - Cuatro formas sencillas de llevar un pañuelo: en la cabeza, alrededor del cuello, colgando del cinturón, enrollado en la mano. ¡Infinitas posibilidades, churri!

* Atrévete a probar una receta o postre de cocina que nunca hayas hecho, da igual cómo salga, tú atrévete y no te frustres, disfruta del proceso. Pon música que te guste mientras haces labores del hogar y

no te olvides de pararte frente al espejo en tu canción favorita y dar el *show* del siglo.

* Date un baño de espuma y ponle de todo, juega con la espuma y explota los pequeños jabones.

El objetivo es proponerte cosas pequeñas pero que den un toque de disparate a tu vida para empezar a ampliar el abanico de posibilidades creativas al que estamos acostumbrados y romper con «la norma» rígida. HAZ AL MENOS UNA, atrévete, no me seas..., y luego me cuentas cómo fue... Si al leerlas tu mente dijo: «Qué tontería», pregúntate, ¿por qué?

UN PREJUICIO, UNA CÁRCEL
Desmontando estereotipos

Querido diario, hay un dicho que dice que todo lo bueno se acaba, un poco negativo, ya lo sé, pero en mi caso se cumplió el día que empecé en el colegio, esa oscura cueva. Ahí todo lo bueno se acabó. Yo sé que a muchos niños les encanta el cole, a mí no. Llámame emo. Nunca entendí a esos niños que disfrutaban de ir al colegio, mi hermana era uno de ellos, yo la miraba como iba toda feliz a clase y pensaba: «Esta niña está loca, *toa* feliz yendo a la cárcel esta».

Mientras que ella lo amaba, para mí se convirtió en una tortura. Según mi madre yo andaba por la vida riéndome, cantando, disfrazado con lo que agarraba en cualquier esquina... Me cogía unos pantalones y me los jincaba en la cabeza, hacía con plantas una falda, le robaba el maquillaje y las joyas a mi abuela que era muy presumida, hasta le cogía los tacones que, aunque me quedaban enormes, estaba dispuesto a perder la vida con ellos si hacía falta. En definitiva, que no paraba el culo quieto y era súper creativo, alegre y risueño. Y de repente, fue entrar al colegio y convertirme en un zombi. En serio, pasé a ser un niño retraído, gris, apagado, silencioso... probablemente este fue ese momento en el que los colores de la vida que percibía tan vivos comenzaron a diluirse hasta perder todo el pigmento. ¡Qué casualidad! Justo al iniciar el cole, cuando comenzaba la formación para convertirnos en ese adulto supuestamente preparado para la vida (*spoiler*: no sales *preparao*' ni *pa* hacerte un huevo frito). ¡Y oye! Tampoco estoy diciendo que en el colegio me maltrataran porque no es así, aunque ahora que me acuerdo en la guardería sí que lo hicieron. ¡Ay! Te tengo que contar eso.

¡CHISME, CHISME!

La abusadora esa que nos cuidaba en la guardería no solo parecía una bruja, es que lo era. Nos encerraba a mí y a mi hermana en un mueble oscuro y nos decía que había ratas para asustarnos, y nosotros, como supuestamente nos lo merecíamos por habernos portado mal, no se lo decíamos a nuestros padres. Hasta que un día yo me hice pipí dentro del armario y cuando me vinieron a recoger me vieron empapado y me preguntaron que por qué no había ido al baño, a lo que respondí que había estado encerrado en el armario (lo sé, vaya paradoja) y no pude ir. Obviamente a mis padres les hirvió la sangre, como te podrás imaginar, no tardaron en denunciar y lograron cerrarle la guardería a la psicópata esa. La verdad es que escribiendo este *Querido diario* me están viniendo a la cabeza unas anécdotas que sinceramente son para que tenga yo ochenta y siete traumas y medio, y ¡oye!, salí un poco desequilibrado, pero ¡ni tan mal he acabado!

Estas cosas pasan. Mientras vivamos en un mundo en el que falta educación emocional y entrenamiento mental, los seres seguirán dañándose a sí mismos y, por consecuencia, a cuanto y quienes les rodean. Y cuando tú estás en su campo de influencia a una edad vulnerable, es normal que deje huella.

En el colegio la situación no era tan mala como fue en la guardería, ¡de hecho era bastante buena! Mi mamá no entendía qué me pasaba y por qué había cambiado tanto, y sinceramente, creo que en aquel entonces ni yo mismo lo sabía, era muy pequeñito para entender las complejidades del mundo adulto que indirectamente nos afectan como niños. Y aunque entonces no las podía comprender, ahora sí. Yo no recibía *bullying*... ¡todavía! Éramos muy peques, afortunadamente el juicio aún no se había desarrollado tanto en estos minicorazones. Pero **los estereotipos son esa enfermedad silenciosa y contagiosa que impregna todo cuanto nos rodea** y había entrado en un ambiente muy influenciado por los estereotipos sociales de aquel entonces, que profundamente ya empezaron a chocar con mi naturaleza.

Por ejemplo, recuerdo que en la clase había dos secciones claramente diferenciadas para jugar:

* La SeCciÓn RoSiTa: Donde aparte de rosa todo eran cocinitas, tocadores, maquillaje, ropa, zapatos con mini tacón de plástico. ¡OMG! Los tengo grabados en mi mente, de punta cuadrada con la suela rosa brillante y un plástico transparente cubriendo los dedos, y hacían clac, clac al caminar con ellos, muy noventeros. Eran feos de narices, pero me encantaban. ¡JÚZGUENME POR ELLO!

* La SeCcIóN aZuL: También conocida como la «sección de chicos», llena de alfombras con dibujos de ciudades y carreteras para jugar con coches y otros vehículos. Había miles metidos en cajas, camiones, motos, aviones... También había herramientas de ferretería tipo martillos con clavos de juguete y cosas de este estilo, ya tú sabes.

Yo definitivamente me sentía más atraído por el paraíso rosa, y hasta ahí todo bien. Los problemas comenzaron cuando se implicaba que yo debería sentirme más a gusto con el paraíso azul.

Nunca entendí por qué, creo que nadie que promulga estas ideas realmente sabe muy bien por qué. Y aunque yo intentaba amoldarme a la norma... ¿A dónde crees que se me iban los ojos? Pues ya te digo yo que no era a los alicates de juguete porque incluso a día de hoy me das uno y es probable que los use para quitarme las cejas en lugar de para hacer lo que sea que se haga con unos alicates... Lo siento, pero no, no sé ni qué se hace con unos alicates, supongo que ¿apretar cosas? Madre mía, si mi padre lee esto me deshereda...

Como iba diciendo, se me iban los ojos a la sección de «chicas», aunque no a todo, eh, porque también te digo que jamás he entendido cómo se te pueden ir los ojos a una... ¿cocina? O peor ¡a una escoba! Tampoco entendía la diversión de jugar con los coches o con las herramientas de trabajo. A mí se me iban los ojos a los zapatos, a la ropa, al maquillaje porque ¡a quién no le gusta nutrir su ego! Pero ¿jugar a conducir coches cuando yo siempre he aspirado a ir en limusina? ¿Usar la cocinita cuando lo mejor que hay es comer fuera? ¡Y ya ni te digo lo de las herramientas cuando pueden arruinar tu manicura! Na, es broma, estoy vacilando ahora. Pero sí que me sentía contrariado en cuanto a lo que me gustaba y lo que me *debía* gustar.

Mis gustos no se alineaban con ciertas asunciones sociales, pues estas son siempre simples y tienen una alta probabilidad de fallo al representar la realidad, que es más compleja como para englobarla bajo el concepto de blanco o negro. No existen dos flores iguales por mucho que se parezcan, la naturaleza es diversa y compleja, y nosotros somos naturaleza. Aunque para entenderla hayamos puesto nombres y etiquetas a todo, una etiqueta no deja de ser una reducción que utiliza el ser humano para ordenar en su mente las cosas. Lo más normal es que esa etiqueta se queda corta intentando abarcar la inmensidad de matices y el constante cambio que define la naturaleza del universo. Para que una etiqueta fuese perfecta, la sustancia que define tendría que ser fija e inamovible, y no hay prueba de que tal cosa exista. Todo está en continuo cambio, todo es un espectro. Y si no dímelo a mí que he tenido más cortes de pelo que Beyoncé pelucas.

Al agarrarnos a estas etiquetas reducimos nuestra visión a lo que queremos ver y no a lo que *es* y nacen así los famosos estereotipos, que no son más que limitaciones de la gran diversidad que nos define a cada uno de nosotros como individuos. Los estereotipos hacen que nos perdamos una expansión maravillosa del potencial de cada uno, lo cual es una pena porque en mi caso, habiendo yo morado libre de prejuicios, habría cogido a mis compañeras de clase y les habría hecho unos *outfits* con tremendo rollazo y nos lo habríamos pasado en grande dejándome fluir; pero bueno, eso que se perdieron.

> *Los estereotipos son barreras que acortan la visión y reprimen la energía creativa, reduciendo nuestra identidad y expresividad. Al perpetuarlos no solo limitamos la creatividad de otros, sino también la nuestra.*

Quizás si en el aula no hubiesen dividido las zonas en dos colores ligados a diferentes géneros, o si no hubiesen separado los juguetes en secciones distintas para que los niños jugasen con lo que les apetecía sin sentirse extraños por ello... Quizás, ¡solo quizás!, si en el entorno educativo no hubiesen existido unos estereotipos tan marcados, no solo yo sino ningún niño de cualquier género, color o procedencia hubiese comenzado a asimilar unas ideas tan dañinas. Y es que, aunque el niño que fuimos ni se dé cuenta, esas ideas moldearán su identidad y ocuparán los lugares que deberían haber pertenecido a las cualidades propias de su personalidad y al potencial único que reside en cada uno de nosotros.

Quizás si eso no hubiese sido así, no hubiese empezado tan joven a cuestionarme si había algo mal conmigo. Y quizás, ¡solo quizás!, si eso no hubiese sido así, no me hubiese cortado el pelo tan corto, o habría tenido más amigos en lugar de estar tan solo porque me atemorizaba acercarme a otros y que me juzgaran por querer jugar con un pintalabios y no con un coche. Todo por esas normas implícitas y vacías que nunca se alinean con la realidad.

Donde no existe la norma, no existe lo diferente.

Si la manera en que nos afectan los estereotipos se quedase en una simple anécdota, tampoco importarían mucho. El problema es que a veces son los pequeños detalles los que se pueden convertir en traumas que afectarán nuestra vida futura. Estas pequeñas vivencias nos van llenando de miedo y reduciendo nuestra identidad única a una copia de la copia, alejándonos de quienes somos para intentar ser quienes creemos que quieren que seamos. Solo dentro de «la norma» podemos pasar desapercibidos y evitar ser señalados o estereotipados. Así nos convertimos en un simple recipiente vacío de personalidad y emoción que actúa de forma automática y hace lo que hace sin saber por qué.

PLANTANDO SEMILLAS

¿Qué peso tienen los estereotipos en nuestra vida? Estamos acostumbrados a los estereotipos y moldeamos nuestra vida muchas veces dejando que ellos guíen nuestras decisiones. Vamos a observarlos para descubrir el poder que tienen sobre nuestra libertad de decisiones, y cuánto acotan el fluir de nuestra personalidad.

* Intenta pensar en una situación en la que te frenaste a hacer algo por lo que pudieran pensar otros, ¿cuál fue tu razonamiento para no hacerlo? ¿Qué intentabas evitar? ¿Por qué? Seguramente puedas relacionarlo con algún estereotipo, ¿cuál? ¿Crees que ese mismo estereotipo te ha podido frenar otras veces, incluso sin darte cuenta?
* Trata de visualizar algunos escenarios en los que sientes «No puedo» o «No soy capaz» o «No es para mí». Pregúntate qué te hace sentirlo así.
* Haz una lista con los factores que influyen en esas limitaciones que te impones a ti mismo. Qué pudo o puede ocasionar que te impida fluir sin tanto miedo. Imagina cómo podrías ser si esos factores no te afectaran, ¿cómo te sientes al respecto?
* Busca referentes que demuestren actitudes y logros que admiras, pregúntate: ¿qué cosas tenemos en común?
* ¿Conoces a alguien cercano en quien identificas tres atributos de su persona que admiras pero que ella misma no valora? Piénsalo. ¿Crees que tú también tienes atributos que tú misma no ves?
* Reconoce alguna situación en la que alguien o algo te sorprendió para bien tras haber creado una imagen a partir de un estereotipo. Por ejemplo, una persona que no te dio buena espina (analiza por qué) y que acabó convirtiéndose en un gran amigo. O un lugar al que te mudaste que de primeras te pareció un suburbio peligroso y acabó convirtiéndose en el barrio de tus experiencias más bonitas... Analiza de dónde provienen los estereotipos que generaron esa primera idea y valora su peso (o falta de él) en tu vida.

TODOS SOMOS ARTISTAS

El instinto para inspirar la obra de nuestra vida

Querido diario, un día, tras una actuación de fin de curso en la que canté, bailé e interpreté, decidí que iba a ser artista. Recuerdo que cuando lo expresé por primera vez tendría unos nueve o diez años, y a nadie le pareció muy buena idea. Te vas a morir de hambre, me decían. Así que decidí ser arqueólogo, así por la cara, no te creas que me apasionaban tanto las civilizaciones antiguas y los huesitos. Era más bien porque estaba obsesionado con el videojuego de Lara Croft y pensé, pues si no puedo hacer lo que me apasiona, al menos seré un explorador sexy con ropa ajustada y estilazo persiguiendo a matones para ponerlos en su lugar. Pero no me duró mucho lo de la arqueología, intentaba repetírmelo muchas veces para creérmelo, pero no funcionaba. Hay algo que todos tenemos que se llama instinto y el instinto nos habla, unos son capaces de acallarlo y otros no podemos evitar seguirlo. Yo siempre he sido muy de seguir mi instinto, me es imposible ir en su contra y siempre prefiero arrepentirme de haberle hecho caso que de haberle ignorado. Por eso cuando veo unos zapatos caros si mi instinto me manda comprarlos, no hay nada que hacer para que cambie de opinión. Pero volviendo al caso, mi instinto me decía que debía ser artista y así fue como empecé mi formación en el mundo del arte muy joven. En ese momento no sabía por qué ser artista era la profesión que más se alineaba conmigo, más allá de que es evidente que me queda genial la luz de los focos, solo tenía claro que era lo que quería hacer..., pero con los años entendí el porqué.

Durante mis años en el colegio me sentí muy incomprendido, o más bien era yo el que no comprendía nada. No comprendía el comportamiento de muchos de mis compañeros, no comprendía el trato de ciertos profesores, no comprendía el sistema educativo, ni los deberes, ni los clichés sociales, no comprendía esa vida adulta que empiezas a vivir tan joven... Pero cuando descubrí el arte, me di cuenta de que rompía con todo lo que yo conocía. El arte es fluido y loco, lo es todo y no es nada, te permite ser niño, te permite ahondar en tu corazón y tu mente para expresar infinitas emociones de diversas maneras y con diversas técnicas. El arte me permitía hacer cosas raras con el simple objetivo de experimentar, sin más pretensiones ni expectativas.

Yo sentía la vocación y necesidad de querer expresar emociones y sentimientos. Quizás por haberlas reprimido durante tanto tiempo me atraía tanto la simple idea de dedicarme a explorarlas y buscar la manera de materializarlas. Está claro que en parte estas experiencias me habían hecho desarrollar una personalidad más introspectiva, divagando mucho en mi mundo interior, y que externamente se me percibiera como un rarito. A ver, no culpo a nadie por verme así, llegados a este punto sobra decir que era un niño un poco traumadito, pero sabes, ¡no me escondo! Ni que fuese fácil este mundo como para no estarlo. Mi profesora, de hecho, estaba preocupada porque entre lo retraído que era en clase, la de veces que me quedaba dormido en el colegio por falta de sueño de haberme meado en la cama (sí, también me meaba en la cama, lo tenía todo, luego te lo cuento) o aquella vez en la que nos pidió que hiciéramos un dibujo de nuestra habitación... Ay, espera, ¡es que te tengo que contar esta! Siempre hay tiempo para un chismecito.

¡CHISME, CHISME!

Un día mi madre recibió una llamada de mi profesora y le pidió hablar con ella. Mi madre estaba muy extrañada porque sabía que yo tenía mis inseguridades pero que no era un niño problemático, así que fue al colegio con ganas de saber qué sucedía. Cuando llegó allí, la profesora le explicó que nos había pedido que dibujásemos nuestras habitaciones para ponerlas todas juntas, pero que había un problema con la mía y que quería hablarlo con ella antes de que los otros niños la vieran. En mi dibujo no solo se podía ver mi habitación con mis juguetes, había tenido yo un impulso de honestidad y transparencia y había dibujado mi habitación... ¡llena de ratas! Ratas en cada esquina de la habitación. Sobre el armario, bajo la cama, junto a la tele... ratas por todos lados. Y el caso es que sí, había ratas porque la casa era una antigua casa de campo que mis padres estaban arreglando humildemente, pero con mucho amor y, aunque no solía verlas, a veces oía ruidos y tapábamos agujeros por donde creíamos que se colaban. Mi madre no sabía si reír o llorar, porque obviamente el dibujo era digno de una película de terror. ¿Sabes los típicos niños de las pelis de miedo que les mandan a dibujar un arbolito y dibujan al chupacabras? Pues igual era yo. Menos mal que no me dio por dibujar un muerto en el armario o algo así... (no es que lo tuviéramos, no te preocupes, pero yo qué sé, a mí se me va tanto la olla dando rienda suelta a la imaginación que tampoco me extrañaría haber salido por ahí). Afortunadamente mi profesora conocía bien a mis padres y sabía que esto era más una anécdota que un tema sobre el que estar preocupados, pero me pidieron que rehiciera el dibujo, esta vez sin las ratas. Y menos mal, porque solo me habría faltado también ser conocido como el domador de ratas del colegio, aunque oye, ese título no suena nada mal.

Ante tanta rigidez que conformaba mi vida, el arte es justo lo que yo necesitaba. Un espacio seguro donde todo vale para descubrirme y hacerme preguntas.

> *Todos somos artistas porque el arte es un viaje espiritual y nosotros somos seres espirituales, y aunque las matemáticas nos ayudan a entender gran parte del mundo, el alma se escapa de sus reglas, pero el arte ha fundado las suyas a partir de ella.*

Tú eres artista. A veces creemos que un artista es solo una persona que se dedica a las disciplinas artísticas, y definitivamente eso es un artista profesional, lo que yo escogí como profesión. Pero el arte es la capacidad de buscar una manera de expresar un sentimiento, emoción o idea. Hablar es un arte. Cocinar una comida con amor para alguien es un arte. Cerrar los ojos, escuchar la música y dejar que el cuerpo empiece a moverse fusionándose con ella es arte. Es elegir un medio que requiere de una técnica para transmitir algo que proviene de tu corazón. Es magia del universo. Es nuestra voluntad convertida en realidad, y el arte es el medio para lograrlo.

Nuestra creatividad es la capacidad de expandirnos y expresarnos para dejar una huella única a nuestro paso.

Por fin había encontrado un espacio en el que podía fluir más allá de los estereotipos. Al experimentar el sentimiento liberador que me provocaba entregarme al arte, comencé a probar disciplinas artísticas sin parar. Danza clásica, danza contemporánea, teatro, pantomima, canto lírico y moderno, dramaturgia, violín, piano... Solo me faltaban los malabares y ya estaba listo para meterme en el circo a actuar con los monos. Me abstraía emocionándome con cada movimiento, vibración o palabra que estuviese en consonancia con mis ideales o sentimientos. Por fin había descubierto mi pasión, lo que no sabía es que más que tocar el piano, cantar o bailar, lo que hacía de estas técnicas mi pasión era que me permitían **expresarme, conocerme, conectar, crear... Porque esa es nuestra naturaleza** y por mucho tiempo el sentirme tan reprimido me había incapacitado para dejarla fluir.

Todos los artistas un día fueron primerizos, pero cualquier artista sin técnica siempre tendrá su instinto. Seguí mi instinto y me dejé llevar por lo que me llamaba la atención o me picaba la curiosidad. Empecé a escribir mis primeras reflexiones sobre el mundo que me rodeaba y mis pensamientos al respecto a muy temprana edad. Dejé que el instinto guiase mi curiosidad sin saber muy bien a dónde me iba a llevar, pero confiando en que me llevaría a descubrir lugares, lo cual es siempre más efectivo que esperar a que una luz milagrosa desvele el camino a seguir. Me empecé a interesar por la filosofía y otros pensadores o artistas que buscaban otros medios para expresar sus ideas. Era joven, pero me decían mucho que tenía un «alma vieja». Mientras la cara sea joven, ¡el alma que envejezca todo lo que quiera!

Maduré muy rápido para la edad que tenía, paradójico decir esto después de soltar la tontería que acabo de soltar, pero así soy, contradictorio, inesperado, sexy. Sin embargo, y a pesar de mi temprana madurez, **cuanto más adultos nos hacemos más difícil nos resulta alejar de nuestra mente la influencia de ese monstruo antinatura que todo lo permea en nuestra sociedad: la Industria.**

El «te vas a morir de hambre» volvía a mi vida, pero esta vez me lo decía yo mismo. Volvía el ruido a mi cabeza, el ruido de esas voces que, impulsadas por el miedo y los traumas, te hacen cuestionarte si seguir tu instinto es tan buena idea cuando hay tanto que perder sobre la mesa. Comienza la famosa lucha entre seguir lo que dicta tu corazón o el camino que dictan otros en nombre de «tu futuro». Un futuro, por cierto, inexistente porque salgo al supermercado ahora, me cae una maceta en la cabeza y chimpún. Pero cuando la industria, la sociedad, la gente que te rodea te mandan un mensaje concreto, no solo con sus palabras sino con su propia manera de vivir sus vidas, escuchar a tu instinto y salirte del guacal puede ser aún más complicado. Es normal que todo este peso acabe influyendo en nuestra toma de decisiones.

A medida que creces te das cuenta de que así funciona el sistema en los tiempos que corren, y yo sentía que necesitaba un plan para poder comer en el futuro. Así que, intenté buscar un punto medio entre lo que me decía el exterior y lo que me decía mi instinto, centrándome en lo que me apasionaba: el arte, y escogí qué disciplinas artísticas iba a priorizar para convertir en mi carrera. Eran tantas las que me gustaban que si quería «poder comer» necesitaba abandonar algunas para enfocar mi energía en convertirme en el mejor en otras, y así evitar esa temida «nevera vacía». Todos mis profesores tenían razones para animarme a seguir practicando sus disciplinas, pero al final me deshice del piano y el violín y me quedé con canto, danza y teatro que parecían las más combinables entre sí. Estaba feliz con mi decisión, toda una *bacatriz:* bailarín, cantante y actriz.

¡Ahora solo tocaba dejar de lado el disfrute para sucumbir al sistema y convertirme en el mejor, desarrollando la técnica más virtuosa en cada una de estas disciplinas! ¡Yuju! ¡Suena capitalísticamente ideal! Ya habrá tiempo para volver a conectar espiritualmente a través del arte cuando lograse la cumbre del éxito profesional. Ja ja, iluso. No tenía ni idea de que estaba entrando en la boca del lobo...

Así fue como los años que prosiguieron se convirtieron en una vida de disciplina, compromiso, esfuerzo y lucha que se asemejaba más al régimen militar que a la vida espiritual en la que el arte me había sumergido años atrás. Clases por la mañana, conservatorio de danza por las tardes, teatro los sábados, pilates y clases privadas de canto los domingos, estudiar por la noche... No tuve una adolescencia normal que un chico de esa edad suele experimentar y mi mente tampoco estaba orientada hacia las inquietudes típicas de la pubertad, sino en la obtención de metas y el crecimiento profesional. Al final, toda esa rigidez que no comprendía de niño y que me empujó a huir del sistema tradicional y a refugiarme en el arte me había alcanzado igual, porque **si hay algo que tenga este sistema es que ha sido capaz de capitalizar hasta el último ápice de ilusión.** En una sociedad en la que se considera que no convertir tus pasiones en un negocio es perder el tiempo, es fácil ver esas pasiones transformadas en tu mayor pesadilla, en tu mayor excusa para autoexplotarte.

Así, mi vida se convirtió casi sin darme cuenta en un sacrificio voluntario. Yo estaba entusiasmado por este progreso y mis sueños eran la gasolina para no parar hasta alcanzar mis metas. Tras varios años entrenando y de formación, alcancé la mayoría de edad y me sentí preparado para volar a Madrid, a 2000 kilómetros de mi hogar y con el océano atlántico de por medio para estudiar la carrera de mis sueños, con el apoyo de mis padres, aunque lejos de ellos. Hice una audición en una escuela de renombre y me aceptaron. Por fin había llegado al principio del final. Ya podía empezar mi formación titulada para convertirme en el profesional que ansiaba. ¡Lugar nuevo, vida nueva! O al menos eso creemos, aunque solo tenemos que probarlo para darnos cuenta de que nuestros hábitos viajan con nosotros y transforman cualquier lugar en la misma experiencia. Comenzar la carrera solo intensificó mi entrega. Las veinticuatro horas del día no eran suficientes, quería más, podía hacer más, necesitaba dar más y así fueron pasando los años de formación en los que buscando la cima me perdía a mí mismo.

Un artista primerizo puede no poseer la técnica, pero sí puede dejar fluir su instinto y empezar a indagar caminos que le sorprenderán e inspirarán para crear inesperadas obras. Un artista veterano, sin embargo, posee la codiciada técnica, pero al centrarse tanto en su desarrollo y perfeccionamiento corre el peligro de acabar ignorando la voz de su instinto, creando una obra de técnica impecable, pero en total desconexión consigo mismo. El balance entre la técnica y el instinto es lo que nos ayuda a transitar un camino de éxito y satisfacción, porque el éxito sin satisfacción no es éxito. Solo en el presente se puede escuchar con claridad al instinto para crear la obra maestra que realmente hará al artista sentirse satisfecho. La obra que está en consonancia con quien realmente somos en cada instante. Y tú, ¿escuchas la voz de tu instinto durante tu proceso creativo?

PLANTANDO SEMILLAS

Te doy la bienvenida a tu taller, artista. Ahora que sabes que en tu naturaleza está el don creativo es hora de ponerlo en práctica. ¡No queremos seguir perdiéndonos las hermosas obras que eres capaz de crear! Vamos a descubrir tu hermosa capacidad creativa con la que enamorar al mundo. Recuerda que todos somos artistas, tu vida es tu museo, tu gran escenario; tus acciones y emociones son las herramientas, y lo que siembras en el mundo, tus obras. Recuerda escuchar tu instinto para crear obras en consonancia con el ser que eres, ¡no te preocupes tanto de la técnica! Eso es algo que irá viniendo solo mientras el instinto mantiene la pasión viva. No se te tiene que dar bien ni tienes que querer ser artista profesional para hacer arte.

* ¿Cuál es o son tus artes? ¿Hay algo que se te dé bien o que te guste hacer? ¿Algo que la gente siempre resalte de ti como un don? Si no se te ocurre nada, ¡elígelo! Piensa algo que te gustaría que fuese como una extensión de ti. También puede ser algo que refuerce alguna cualidad que quieres mejorar. Y recuerda, ¡nadie nació sabiendo! Confía en el proceso.

* Pueden ser actividades sencillas. Si te gusta cocinar, cocina algo esta semana para alguien. ¡Alguien puede ser un amigo, ser querido, o no! Pregunta a algún compañero de trabajo si es alérgico a algo o tiene algún reparo con algún alimento y sorpréndele con un plato. O quizás sabes de alguien que vive en la calle y tiene dificultad para acceder al alimento y puedes prepararle algo. ¡También puedes cocinar para ti! ¿Alguna vez has hecho un bizcocho? ¿O un tiramisú?

* Si lo que te gusta es escribir, escribe algo a alguien. Si lo que te gusta es leer, regala un libro o ¡léele a alguien y comparte algo que pueda agradarle o sorprenderle!

Pon ahí fuera tus creaciones. Atrévete a dar ese paso, no las guardes para ti. Tus huellas son parte de este mundo y no tienes por qué esconderlas, es

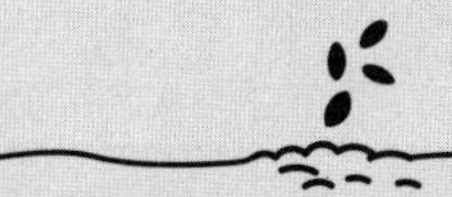

hermoso verlas. El artista eres tú, busca el canal que quieres perfeccionar y depurar como una extensión más para expresar lo que llevas en el corazón y busca distintas maneras de sorprenderte y sorprender a otros. Quizás puedes cultivar un jardín y regalar una rosa ¡o hacer sales de baño con las rosas que has plantado! Las posibilidades son infinitas cuando se trata de explorar nuestra creatividad.

* Cada semana dedica algo de tiempo a crear y perfeccionar tu nueva forma de expresión. Póntelo en el horario y asegúrate de que te regalas ese tiempo para explorar tu propia capacidad creativa.

* Si crees que nada se te da bien o que no te gusta nada, simplemente prueba cosas, así, de forma aleatoria. Te sorprenderá lo que puedes descubrir y los resultados que puedes obtener...

¿Sientes que algo te impide empezar o abordar un desarrollo creativo? Si este es el caso no te preocupes, todos los artistas tienen bloqueos y desenredar ese nudo es también un tipo de arte, es filosofía y el arte de la mente. Hazte las siguientes preguntas para analizar lo que te pasa y aprovechar la situación para entenderte mejor:

* ¿Qué pensamientos o sensaciones se nos pasan por la cabeza a la hora de empezar un proceso creativo? ¿Se van a reír de mí? ¿Resulto ridícula? ¿No estoy en la edad? ¿Crees que esto tiene que ver más con la realidad o con la influencia de los estereotipos?

* ¿Qué te impide dar el paso y empezar? ¿Es miedo a no hacerlo bien? ¿Miedo al qué dirán? Piensa en alguna situación pasada en la que tuviste miedo antes de empezar, pero que a día de hoy no te causa ningún temor, o en lo que ahora te desenvuelves de maravilla.

UN ÁRBOL PARA OXIGENAR EL ALMA
Respirar entre el frenetismo

Querido diario, he llegado a Madrid y ya he pasado dos años estudiando la carrera de mis sueños, estoy en mitad de mi formación profesional. Sé lo mucho que me ha costado llegar hasta aquí y el esfuerzo que están haciendo también mis padres para que pueda permitirme estudiar lo que me apasiona. No sabemos si podremos costear la universidad y el precio de la vida aquí hasta que termine, así que aprovecho al máximo lo que dure. Por ello, no solo me estoy entregando a una intensidad inhumana en la carrera, también trabajo cuando me sale alguna oportunidad, aunque no me queden energías, y trato de gastar lo menos posible, hasta he dejado de ir en Navidades a casa como el resto de mis compañeros para ahorrar y abusar lo menos posible del sacrificio de mis padres. Estoy muy cansado.

Un día mi mente colapsó a causa de la ansiedad y el estrés de este proceso de alcanzar metas y objetivos en el que me había embarcado. Reventé y las lágrimas comenzaron a brotar sin cesar durante horas, sentía impotencia por no poder más, pero mi alma y mi cuerpo estaban agotados, no había de dónde sacar para seguir creando. Si al menos hubiese tenido puesto el rímel, se habría corrido y habría valido la pena una buena escena con un poco de dramatismo glamuroso, pero ni para aplicarme el rímel me quedaba inspiración.

Cuando el llanto cesó, me paré en silencio. **Hacía mucho tiempo que no escuchaba el hermoso y pacificador sonido del silencio.** Mi mente siempre lo interrumpía, la muy pesada, pero esta vez estaba tan cansado que ni ella tenía fuerzas para pensar. Fue en ese instante de quietud cuando observé a través de la ventana la suavidad con la que se movían las hojas de los árboles y lo agradable que era escuchar el suave susurro del viento. Ya ves tú... un árbol que llevaba ahí desde el primer día que me mudé a esta casa y que, sinceramente, no me había llamado nunca la atención porque ¡ni que fuera yo jardinero para estar deleitándome con árboles! Pero ¿cómo de abstraído había estado durante todo este tiempo para ni siquiera notar su hermosa presencia? Algo en el movimiento de este árbol hipnotizó mis sentidos de forma natural. Sus hojas podían parecer simplemente verdes a primera vista, pero, al fijarme detenidamente, la luz que las bañaba, sus formas, matices y colores revelaban que todas eran muy distintas, y lo que de primeras parecía un árbol cualquiera se tornó en algo mucho más interesante de observar.

En este momento de agotamiento, observar por observar este árbol era tremendamente reconfortante y hermoso. En ese instante me di cuenta de que esta sensación no era simple arte de magia. Había efectos físicos en mi cuerpo, como la bajada de mi ritmo cardiaco o el tempo que había adoptado mi respiración al enfocar mi atención, que provocaban esa sensación de bienestar. Se sentía como magia, pero era ciencia. Fue como si de repente hubiese llegado, soltado todo lo que me mantenía en constante búsqueda y dejado que los colores, formas, texturas y movimientos que conformaban este árbol fuesen todo lo que importaba ¡y estaba justo frente a mí! Y por ello...

> *... al prestar atención, el presente recobra el sentido que le ha robado el proceso constante de perseguir una meta que nunca llega.*

Y es que las metas siempre están en el futuro y nos roban la atención del único lugar en el que sucede la vida, el aquí y el ahora, justo donde un simple árbol se alza frente a ti.

Fue una revelación, como la primera vez que me puse el colorete, resucitado de nuevo. El universo en un soplo de bienestar me estaba diciendo que este era el lugar en el que debía estar, pero, ¡sorpresa!, yo aún no estaba preparado para entenderlo. Lamentablemente no podía permitir que esta sensación, por muy aliviadora que fuera, se prolongase más de unos minutos porque tenía muchas cosas que hacer. La vida frenética y la carrera por empujar mis límites tenía que continuar, así que me sequé las lágrimas, respiré hondo, me comí un bollo de chocolate, que siempre ayuda, y seguí con mi vida en modo automático. Aunque, de cuando en cuando, en los momentos muertos entre un punto y otro, se me venía a la cabeza esa sensación de paz que se había quedado en mi cuerpo tras observar las hojas de aquel árbol. Desde entonces, al cruzarme con otros árboles ya no podía evitar fijarme en la gran variedad de colores y formas que poseían, algo había cambiado en mí con esa breve pero profunda sensación que había experimentado. ¿Cómo podía haberme dejado tanta huella un simple árbol cualquiera? ¿Qué era lo que había despertado en mí?

En aquel entonces, lograr objetivos que me hiciesen sentir orgulloso de mí mismo se había convertido en la droga que me validaba como ser humano. El acoso escolar, el aislamiento y los estereotipos que marcaron mi infancia no me hicieron débil, todo lo contrario, me hicieron muy individualista y ambicioso. Lo cual creo que es una herramienta útil en el sistema en que vivimos, hasta que empiezas a perder el control y a amenazar tu integridad. No solo quería demostrarme a mí mismo todo lo que valía y podía lograr, también quería hacer sentir orgullosos a mis padres y poder mirar desde lo más alto a los que me humillaron de niño, demostrarles que se equivocaban al excluirme y que yo también tenía un hueco en este mundo. Para mi suerte o desdicha, el sistema convencional en el que nos desarrollamos como sociedad es perfecto para que puedas lograr justamente esto: el éxito, la riqueza y la aclamación a través de los logros. Para ello tienes un sistema educativo que te va a valorar con notas, números y comparaciones en una competición constante que te permitirá redimirte, y como yo siempre me decía: si juego es para ganar. Así que jugué y jugué como el mejor desde mis doce años cuando descubrí que ser artista era mi pasión y lo tomé como mi meta profesional. Cada movimiento estaba calculado con precisión.

Leía, entrenaba, hasta dormía con la pierna en la cabeza para estirar la musculatura durante la noche y aprovechar esas horas de sueño, como si descansar no fuese suficiente. Lo quería todo, y buscaba la manera de tenerlo todo. Llegó un momento en mi carrera en el que agendaba hasta las horas que quería dedicar a mis amistades y relaciones sociales y el tiempo personal que me dedicaba a mí mismo. Separé mi vida en varios planos y reduje mis experiencias humanas a la prioridad de mis metas profesionales.

Entre el fervor de este frenetismo, un día que iba en el metro con la cara mustia, como el 99% de personas que va en metro como sardinas enlatadas, cansados de trabajar y con mil preocupaciones en la cabeza, me fijé en un bebé que miraba absorto todo cuanto le rodeaba. Parecía que cada rincón del vagón era la cosa más importante que tenía delante. Al verle, me recordó inmediatamente a la imagen de mí mismo aquel día en el que fui hipnotizado por el movimiento de las hojas del árbol. Y entonces, mientras observaba a este bebé disfrutar de existir se cruzó su mirada con mis ojos y me sonrió. De primeras pensé: «¿Qué coño mira este niño?». Superamargado, lo sé, pero ¡qué quieres que haga si era el estado en el que me encontraba! Luego me di cuenta de que yo también le estaba mirando y pensé que él podía pensar lo mismo de mí, así que estábamos empatados. Pero en lugar de eso, me regaló una sonrisita y se me contagió al instante a la vez que una cálida sensación abrazaba mi corazón, que hasta hacía unos segundos latía sin motivo en modo automático. Wow, este mocoso de un año me acababa de dar una lección enorme a mí, que ya tengo pelos en la cuca... ¿En qué momento habíamos, todos en este vagón, perdido la magia con la que este bebé observaba el mundo y que era capaz de irradiar hasta hacerla contagiosa? ¿Qué tenía aquella epifanía con el árbol en común con la mirada de este bebé? Aún no lo tenía claro, pero sabía que ambas experiencias compartían algo y que eran señales que se habían puesto frente a mí para ser exploradas y cambiar completamente el rumbo de mi vida.

Si pudiese calcular cuánto tiempo de mi vida he pasado aquí, en mi vida real, y cuánto he pasado vagando ilusorias preocupaciones, creo que preferiría no saberlo, porque probablemente me entristecería mucho la respuesta. ¿Cuánta importancia le damos a esos propósitos de futuro que ocupan toda nuestra atención, y cuánta importancia le damos al árbol que se presenta frente a nosotros? ¿Es más real el árbol o esos propósitos? Y si el árbol es más real, pero nuestros objetivos nos importan más, ¿hasta qué punto vale la pena ignorar al árbol, siendo él real, para alcanzar una ilusión? A los seres humanos nos enseñan a poner interés en las cosas cuando estas nos pueden aportar algo. Creemos que «observar al árbol» solo nos va a hacer perder el tiempo, un tiempo necesario y que debemos invertir en alcanzar nuestras metas que sí nos aportarán algo... Pero ignoramos que hay otra manera de alcanzar dichos propósitos con más eficacia y menos esfuerzo, y precisamente el secreto reside en observar más a ese árbol.

PLANTANDO SEMILLAS

Es hora de parar por unos instantes. Shh... silencio. La vida va muy rápido a nuestro alrededor y la corriente de este río fuera de control nos arrastra con facilidad, pero a veces es tan sencillo como poner los pies en el suelo para darnos cuenta de que este río no cubre y que podemos fácilmente recuperar la firmeza para mantener nuestra cabeza a flote.

* Observa a tu alrededor, ahora mismo, levanta la mirada de estas líneas y mira el entorno que te rodea. ¿Qué colores tienen las paredes? ¿Y las puertas? Trata de nombrar todas las gamas y tonos que puedes apreciar. Fíjate en los bordillos, a veces los colores están más desgastados por ahí. Mientras lo haces, siente tu respiración y disfrútala... Disfrútala... Respira hondo y disfrútala. Respirar es agradable, ¿verdad?

* Ahora vamos a usar otro de nuestros sentidos, céntrate en los sonidos que te rodean... ¿Cuán lejos puedes llegar a escuchar? ¿Oyes algún retumbo que parece provenir de muy lejos pero que llega a tus oídos? Puedes preguntarte de dónde crees que provienen estos sonidos. Al hacerlo armamos toda una idea visual en nuestra mente, pero también podemos enfocarnos en el simple sonido, sin ir a ningún sitio ni darle ninguna interpretación. Sea como sea, sé consciente de cómo lo percibes.

* ¿Qué hay de los olores? ¿Percibes alguno? ¿Podrías identificar su origen?

* ¿Cómo se siente tu cuerpo? ¿Hay algo que duela? ¿Alguna zona presenta rigidez? Masajéalo, muévelo y envía cariño mentalmente mientras lo haces.

* Respira de nuevo. Haz una cuenta atrás en aumento. Inhala durante dos segundos, exhala durante dos segundos, inhala durante tres segundos, exhala durante tres segundos... Así hasta llegar a diez.

Cuando termines, respira con normalidad y mantén la atención en la respiración y la totalidad de tu presencia.

* ¿Eres capaz de hacer la respiración mientras eres consciente de todos los estímulos que percibimos antes? (Colores y texturas a tu alrededor, sonidos, tu cuerpo...). Ponlo a prueba.

Si has sido capaz de llevar a cabo la práctica anterior con éxito, has disfrutado con ella y te sientes mejor, tengo noticias: eres un ser con facilidad meditativa. Te invito a que incluyas estos pasos en tu día a día, en tu rutina y aparte de centrar tu energía, crearás un fundamento sólido para, si en algún momento lo deseas, profundizar en meditaciones más extensas o elaboradas.

Durante la semana:

Plantéate preguntas que puedes hacerle a cada objeto para abrir una capacidad sensorial más profunda y empezar a acostumbrarte a degustar la vida con una sensibilidad más desarrollada: ¿Qué textura tiene? ¿Está frío o caliente? ¿Desprende olor? ¿Cuántos colores podría nombrar? ¿Puedo imaginarme su tacto antes de tocarlo? Y, tras tocarlo, ¿es similar al que me imaginaba?

* Coge una fruta que te guste y practica este ejercicio.

* Sorpréndete y ponlo a prueba con otros elementos, como una flor, un bolso, un ser humano... (Con consentimiento, obviamente).

BUSCANDO FUERA, ME PERDÍ
Tocar fondo al escalar la cima

Querido diario, dicen que lo mejor de tocar fondo es que no puedes caer más bajo. Aunque también dicen que no tientes al diablo y, *baby,* toda la razón, porque lo cierto es que he vivido momentos en los que creía que no podía estar más hundido hasta que la vida me mete otra patada en la cabeza y me deja *to* loco.

Pero ¡cómo no iba a ser así! Cuando la felicidad depende de causas externas, ¡las sorpresas son inevitables! Y las sorpresas son así, a veces para bien y otras para mal. Como cuando por el cumpleaños te regalaban calcetines, ¡nadie se alegraba de esa sorpresa! Aunque ahora mismo no me vienen mal, que tengo más de uno con agujeros... Nos metemos tanto en la cabeza que alcanzar ciertos logros banales va a suponer nuestra felicidad que, incluso sabiendo que no es así, nos cuesta mucho revelarnos contra estos impulsos. Porque nos han vendido todo lo contrario, y así es como nuestro bienestar sigue dependiendo de los calcetines de la vida.

Lo banal es atractivo y, además, instantáneamente efectivo, por eso es banal, porque carece de profundidad, es sencillo, directo y superficial y esto hace que sea adictivo y por ello es fácilmente vendible. Los viajes, el sexo, la comida, el éxito, el propio dinero... ¡Y no me digas que no te gustan casi todas estas cosas porque te diré que MIENTES! Es broma, pero sí es cierto que son placeres muy gratificantes de la vida, a la vez que armas de doble filo porque, a pesar de que deberían aportarnos gozo, son la razón por la que muchos hemos esclavizado nuestras vidas.

Todas estas cosas son placeres y, aunque no lo parezca, **la naturaleza del placer NO es la felicidad.** Si lo fuera, al tragarnos la tarrina de helado a la que le tenemos tantas ganas (ñam, ñam, qué rico) seríamos felices siempre que siguiéramos teniendo un helado en la mano (yo ahora mismo podría serlo si me das uno). Pero basta con abusar de ellos para que en un instante queramos vomitar si oímos hablar del tema. (Es verdad, eso me pasó con las quesadillas del Hierro, me comí cinco seguidas y diez años después no puedo ni oír hablar de ellas). También es común sentir un enorme vacío al darnos cuenta de que ni el helado, ni ningún placer tras haberlo disfrutado pudo suplir nuestras carencias emocionales. Los placeres son una maravilla que pueden hacer de nuestra vida una experiencia más divertida, pero nuestra felicidad nunca dependerá de ellos ni de nada externo, y creer lo contrario convierte nuestra vida en un infierno.

Los placeres producen una gratificación instantánea tan directa que provoca que sean percibidos como la causa de la felicidad, pero si los analizamos concienzudamente, nos daremos cuenta de que no son la puerta a ese estado último de felicidad al que aspiramos.

Yo amo comer, es de los placeres más grandes de mi vida. *Yes,* soy tragona titulada y a mucha honra. No pongo pegas prácticamente a ningún alimento, me encanta probar cosas nuevas y me dejaría todos los millones en comida si pudiese. Si analizamos nuestra relación con los estímulos externos, nos damos cuenta de cómo dependemos emocionalmente de ellos. Los placeres son el ejemplo perfecto para analizar nuestra codependencia del mundo exterior, dado que estamos aquí *pa* pasarlo bien, y como un placer causa una sensación gratificante casi instantánea, tenemos una tendencia ciega a buscarlos continuamente, casi adictos a su efecto. Pero ¿en qué se basa un placer? *Yes,* amor, en una **carencia.**

Comer es una necesidad porque moriría si no lo hiciera, pero el placer que me provoca comer muchas veces no lo es. Sabemos que las ganas que tenemos de comernos todo el restaurante cuando nos sentamos en un bufé libre no son las mismas cuando ya llevamos dos platos y medio y nos empieza a doler el estómago de tanta comida. Esto es porque comer, como cualquier otro placer, está configurado en nuestra mente por dos elementos:

* **Elemento externo:** aquel que no es parte de ti, que no te pertenece intrínsecamente. Es algo que está ahí fuera y que no tiene relevancia para ti hasta que nuestro deseo lo anhela. Una persona, una comida, un premio, un puesto de trabajo...

* **Elemento interno:** que sí es parte de ti. Es la emoción, el deseo que nace a partir de un vacío o carencia que pretendemos llenar a través del elemento externo. La soledad, la ansiedad, insatisfacción, reputación, imagen...

En una sociedad en donde los especialistas del *marketing* y la publicidad conocen la naturaleza del placer, nos vemos continuamente bombardeados con productos o ideas que se muestran ante nosotros como una necesidad, y así surge la carencia. Aunque muchas veces puede surgir de nosotros mismos (ya sabes que nos encanta el autosabotaje), es cierto que forma parte de nuestra cultura como un pilar fundamental para mover la economía. Las bases del sistema se fundamentan en colocar en un anzuelo un sueño ideal, vendiéndolo como algo que nos aportará felicidad para crear una carencia en nosotros y que caigamos en el señuelo. El problema de este modelo no es que persigamos placeres o sueños, ¡vivan los sueños! El problema es que, si no dirigimos el camino hacia nuestros sueños con discernimiento, nuestra vida será una constante búsqueda de la felicidad satisfaciendo carencias que ni siquiera son reales.

La carencia puede despertar las ansias de alcanzar límites insospechados, pero solo la abundancia puede propiciar la fortaleza para llegar a ellos.

Mi intención aquí no es sabotear el sistema socioeconómico, pero sí desmenuzar cómo funciona, sobre todo en esos aspectos que acarrean causas de sufrimiento en los seres: el sentirnos incompletos, el sentir que no hemos llegado y que nunca es suficiente. Y aunque es apasionante perseguir objetivos, existen dos resoluciones: prosperar en el intento, o consumirnos con el enfoque equivocado.

Yo mordí muy fuerte el anzuelo de la industria y quizás si no fuese una persona extremadamente sensible hubiese podido llevarme la carnada tras haberme destrozado el paladar luchando contra ese anzuelo. Pero hoy por hoy sé que, aunque la carnada iba a ser satisfactoria al engullirla, una vez la hubiese digerido habría entrado en un círculo vicioso de búsqueda constante hasta el punto en el que estas heridas se habrían vuelto letales.

En segundo año de carrera mi vida se desmoronó como nunca en un momento en el que parecía que tenía todo lo que siempre había soñado. Por fin había salido de mi pequeño pueblo y me había mudado a otro continente a 2000 kilómetros de mi hogar para estudiar la carrera de mis sueños y ser la chica de ciudad que había nacido para ser. Allí conocí a mi primer novio, un chico bellísimo que me hizo vivir mis primeras experiencias de amor en una relación estable tras habernos enamorado idílicamente durante el verano como niñatos en una película romántica adolescente. Todo un sueño para un chico homosexual como yo que jamás creyó que esas experiencias estuvieran hechas para él. Me apoyó en mi nueva vida en Madrid, me ayudaba en mi búsqueda de casas de alquiler cuando me tenía que mudar... De hecho, una vez me metió sin querer a vivir con una loca que me tiraba cucarachas en la cesta de la ropa y tenía un dálmata precioso llamado Cocó por Coco Chanel, pero eso es otra historia. Mi ex también me ayudaba con las mudanzas y hasta me enseñó a cocinar, ¡incluso teníamos buen sexo! Y por si fuera poco yo me levantaba cada mañana e iba a clases a estudiar lo que siempre había soñado. ¿Podía pedir más? Pues debe de ser que sí, porque precisamente eso fue lo que sucedió. Una vez alcancé todos estos sueños que llevaba tiempo persiguiendo, intuitivamente empecé a buscar el siguiente horizonte que quería alcanzar para sentirme satisfecho, y así de rápido dejé de valorar y ser consciente de que tenía la vida con la que había soñado durante tanto tiempo.

Así de fácil volví a estar irritado por no tener en mis manos mis nuevas metas. ¡Como si lo bonito de la vida no fuese tener siempre nuevas metas que alcanzar! Siempre tendemos a buscar un nuevo propósito, pero no nos han enseñado que, siendo este nuestro instinto, lo que debemos aprender es a disfrutar del trayecto. En lugar de eso centramos toda nuestra energía en la meta y nos torturamos durante el camino. Y así hice. Me metí a hacer todas las clases del conservatorio de danza por las tardes aparte de todas las asignaturas teóricas y físicas de mi carrera, que ya eran muy intensas. Llegué a pesar 57 kilos, tenía unas ojeras que me daban la vuelta, pasaban por Narnia, me entraban por el culo, salían y me volvían a dar la vuelta, e incluso dejé de disfrutar del tiempo con mi novio. Estaba tan cansado que solo quería que viniese a verme para cuidarme como si fuese un vegetal inerte (aunque bueno, él era vegetariano, igual eso le gustaba), y ante cualquier otra proposición mi reacción era una bomba de ira y frustración por no entender el cansancio que tenía. Entre tú y yo, la verdad ni sé cómo me soportó tanto tiempo porque me había convertido en Lady Desquiciada.

Un día, tras dos años de relación decidió romper conmigo y mi reacción fue algo así como: «¿PERDONA? ¿ROMPIENDO CON TREMENDA POTRA TALLADA POR LOS DIOSES?». Me pareció muy egoísta que me dejara sabiendo todo el estrés que tenía encima, sin darme cuenta de que, en realidad, era yo el que tenía energía para todo menos para él. Estaba tan centrado en mí mismo que era incapaz de valorar que yo también era responsable de haber llegado a este punto. Pero esto lo digo ahora, en ese instante golpeé todos los muebles de la casa, le llamé todos los insultos que se me pasaron por la cabeza... No lo maté porque no quería cárcel, que si no estuviese penado igual también. Me sentí traicionado de que me abandonase en el momento en que me sentía más débil y era incapaz de ver lo contraproducente que mi relación conmigo mismo estaba siendo en todos los ámbitos de mi vida, incluso con el que supuestamente más me importaba: mi propia carrera. **Hasta entonces, mi carrera había evolucionado hermosamente, pero me abandoné y dejé de cultivar amor propio, creyendo que solo lo podía nutrir con el reconocimiento externo.** Me estaba autodestruyendo y mi mundo se estaba desmoronando conmigo, empezando por mi primera relación amorosa que acababa de terminar sumergida en ira.

Y así son los placeres, algunos simplemente se quedan en un dolor de estómago y una cagalera tras haber abusado de ellos, mientras que otros pueden hacernos sentir una carencia tan grande que nubla las cosas buenas que ya tenemos y no sabemos apreciar.

Mientras depositemos la felicidad en los placeres externos, seguiremos dependiendo emocionalmente de los calcetines que nos regale la vida. Estaremos en continua tensión y a la defensiva porque nunca tendremos la sensación de que podemos relajarnos y disfrutar de esos placeres. Es como estar en mitad del océano durante una tormenta. Mientras tratamos de mantenernos en la superficie, nos veremos zarandeados y dominados por la voluntad de las olas, guiados por la dirección del viento y golpeados contra las rocas que no pudimos evitar. Pero si nos sumergimos, si nos adentramos y nos enfocamos en el interior y no en el exterior del océano, encontraremos que las aguas que en la superficie eran fieras, indomables y fuera de nuestro control, en las profundidades se mantienen calmadas y estables. Mientras nuestro bienestar dependa de otros y otras cosas, nuestra felicidad no será nunca nuestra. Pero tenemos el poder de reorientar nuestra atención hacia el interior para encontrar lo que nunca debimos buscar fuera, el amor por la vida.

Entonces, si disfrutar de los deseos es posible, ¿qué debo hacer para no caer en este bucle? ¿Cómo puedo perseguir mis metas sin perder el amor y el disfrute del momento presente? Bueno, pues de eso va este libro, mi ciela, seguimos.

La felicidad se encuentra en el balance entre los extremos. Es un estado que se asienta más en el silencio que en la euforia. Y la euforia es bienvenida, y los placeres también suman, pero solo sobre una base firme y estable sobre la que hemos construido nuestra felicidad, dentro de nosotros mismos y no ahí fuera.

PLANTANDO SEMILLAS

Piensa en la naturaleza de los placeres. Si te dan caricias en el brazo, ¿cuánto tiempo tendrá que pasar hasta que la caricia empiece a ser molesta o incluso dolorosa? Y cuando hacemos turismo, ¿cuánto tiempo pasará hasta que estemos hartos del paisaje y solo deseemos llegar a casa y tirarnos en la cama a descansar? ¿Y cuánto tiempo pasaremos en la cama antes de que estemos hartos de estar ahí y necesitemos levantarnos porque ya nos duele hasta el cuerpo de estar tumbados? Vamos a analizar nuestra relación con los placeres y a reconectar con las cosas simples para encontrar la semilla sobre la que brota la verdadera felicidad que debemos cimentar.

* Piensa en tres placeres que tengas. Analízalos sin perder el enfoque de su naturaleza. ¿En qué medida lo que te aportan es felicidad o una satisfacción pasajera?

* Piensa en algo que en el pasado desearas con intensidad hasta el punto de quitarte el sueño y que hayas conseguido, que tengas en tu vida ahora mismo y que ya no tengas que seguir persiguiendo. ¿Lo tienes? Piensa entonces en qué es lo que te quita el sueño ahora, ¿es otro deseo? ¿Crees que cuando lo alcances estarás plenamente satisfecha o lo volverás a sustituir por otro?

* ¿Crees que te cuesta ser feliz porque anhelas algo que no posees ahora?

* Hagamos una prueba imaginativa. Ve haciendo lo que te pido mientras lo lees. Por un momento suelta todo. Relaja las manos. Relaja esos hombros. Respira hondo y suelta. Escucha el presente. Siente la paz del silencio mental. Quédate solo con las líneas que lees, tu respiración y una conciencia genérica del Todo. Trata de repetir estas líneas hasta lograr un estado apaciguado antes de proseguir. ¿Lo sientes? Ese es nuestro estado natural, todo lo demás lo añadimos nosotros. ¿De verdad te falta tanto? ¿Realmente necesitamos todo eso o creer que lo necesitamos es suficiente para necesitarlo con locura?

BRILLANDO EN LA OSCURIDAD
El punto de inflexión, una revelación

Querido diario, me siento con las manos vacías, ¿tanto esfuerzo y trabajo para qué? Se ha desmoronado todo, siento que mi vida es un cuadro, estoy totalmente perdido y desbordado y no sé por dónde seguir, qué quiero hacer o quién soy. No encuentro el sentido. Cerrar los ojos y dormir es más fácil que estar consciente. Me desprecio, no me gusto, me da miedo todo y sufro porque, aunque quiero cambiar, no sé por dónde empezar o de dónde sacar el coraje. Odio todo y a todos porque siento que he llegado a este punto porque nadie ha confiado en mí lo suficiente o me ha dado el cariño necesario para sentir que valgo. Siento mucha incomprensión, me siento abandonado y ya no me quedan fuerzas.

Un día te despiertas y dices: «Estoy hasta el toto, no puedo más». El punto de inflexión es ese momento en el que te das cuenta de que algo tiene que cambiar. O, mejor dicho, de que tú has cambiado y la manera en la que estás llevando tu vida no puede seguir así simplemente porque no te permite ser feliz. A veces nos damos cuenta antes de que la bomba haya explotado, otras veces la bomba explota en nuestra cara y ahí decimos «Upsi», que fue exactamente lo que me pasó a mí. Pero sea como sea nunca es demasiado tarde.

Tras la ruptura con mi ex, mi vida se impregnó de oscuridad, y no porque me hubiese robado el bombillo de la habitación. Tampoco por haber permitido que mi luz dependiese de él (lo cual es muy común cuando practicamos el apego, pero eso viene después). Sino porque yo mismo me había encargado de oscurecer todo mi mundo arrebatándolo de amor.

El mayor propósito de cualquier ser humano es hallar la felicidad y cualquier causa que provoque embarcarnos en su búsqueda es bienvenida sea cuando sea, o como sea.

Había dejado de sentir amor por las cosas que hacía. Ya no sentía amor por comer porque formarme era más importante y comer una mera necesidad, pero en formarme tampoco sentía amor porque solo lo estaba haciendo como medio para alcanzar otro objetivo que no terminaba de llegar. Había dejado de sentir amor en resumidas cuentas por mí mismo y **el amor es lo único que es real, por lo tanto, todo en lo que me involucraba sin amor, era una ilusión.**

Somos en esencia amor. Nacemos del amor, el amor es creador, es trascendente y automáticamente nos conecta con la felicidad. Nuestra naturaleza es amar. Sin amor no somos más que un simple recipiente vacío, desconectado de lo único que le da sentido. Todo lo que no es amor es una ilusión, por lo tanto, al eliminarlo de las situaciones en las que nos desenvolvemos, las convertimos en un trámite ilusorio, en una pausa de la vida, en algo que no es real y que pesa y nos hace sufrir.

Mi ex era el único que ponía una semilla de amor para intentar salvar la relación que algún día existió entre nosotros, y por eso cuando se fue, me quedé completamente a oscuras. Mi hermana estaba tan preocupada por mí que se mudó a mi habitación para ayudarme a salir de ese hoyo en el que estaba. Ya no tenía ilusión, no tenía fuerzas ni ganas de encontrarlas, no sabía cómo seguir. He aquí mi punto de inflexión.

Tras encontrarte completamente sumido en la oscuridad solo hay una opción: buscar la luz.

El problema es, ¿cómo encontrar esa luz si al mirar a tu alrededor no ves ni un ápice de luminosidad hacia dónde dirigirte? Pues resulta que la mayoría de veces la oscuridad que nos rodea no se encuentra a nuestro alrededor, **sino en nuestros propios ojos en forma de un velo que nos impide ver con claridad.** Este velo oscuro no es otra cosa que miedo, porque todo lo que no es amor, es miedo, pero de eso hablaremos más adelante. Imagínate que te tapas los ojos con un velo negro. Al principio te costará moverte, te sentirás inseguro y perdido, pero al cabo de un tiempo empezarás a conocer los espacios que habitas cotidianamente. Tu habitación, tu casa, el supermercado de confianza, tu oficina de trabajo... Ya no será tan raro desenvolverte totalmente a oscuras. Nos acomodamos a vivir en esa oscuridad, aunque nos esté consumiendo y no conseguimos encontrar la luz, no porque todo esté muy oscuro, sino porque ya nos es normal desenvolvernos a oscuras en estos entornos. **Ya nos hemos habituado a vivir sin luz.**

Los hábitos que creamos definen quiénes somos. **Tras eliminar toda luz de un hábito, lo difícil es tener el valor y confiar en que volver a llenar ese espacio de luz es posible.** ¡Y ni siquiera es una cuestión de recuperar la visión! Porque realmente no la hemos perdido, no hemos perdido nada, solo tenemos que quitarnos ese velo de los ojos para darnos cuenta de que todo sigue ahí.

Tras la ruptura fue muy difícil para mí empezar de cero como si estos años de decadencia no hubiesen existido y recuperar de la noche a la mañana la ilusión que tuve al principio. Por ejemplo, no podía disfrutar de mis clases de danza donde ya me había habituado a ir con el único objetivo de compararme constantemente o buscar la validación de mis aptitudes. Tampoco podía volver a sentirme a gusto a solas en mi habitación donde había visto mi relación consumirse y cada esquina era un recuerdo que me castigaba. Me era imposible verme bien en el espejo cuando me sentía culpable por haberme abandonado físicamente... En estos momentos solemos creer que cambiar totalmente de vida sería la opción ideal, pero, guapi, generalmente no tenemos ni siquiera esa posibilidad, a no ser que tengas millones en el banco. Y aunque la tuviéramos no es la solución, ya que los hábitos viajan con uno y la experiencia no depende del lugar ni del momento sino de la percepción que tenemos del mundo.

Por suerte, no hace falta tener otra vida para encontrar una bocanada de aire que nos ayude a oxigenar nuestra energía. Tan solo debemos trabajar esa percepción y para ello a veces basta con hacer pequeños cambios en nuestra rutina, probar cosas o ambientes nuevos para redescubrir otras maneras de desenvolvernos y transportar esa energía fresca al resto de nuestra vida que queremos sanar. Habituados a vivir a oscuras, iluminar esos entornos en los que ya nos hemos acostumbrado a no ver nada es jodidísimo, pero en entornos nuevos puede ser más sencillo conectar con nuestra parte más luminosa. Al ser conscientes de que el objetivo es recuperar nuestro bienestar, podremos desarrollarnos con más vigilancia sobre nuestra conducta.

> *La clave para iniciar un cambio es transitar nuevos ambientes o hábitos donde permitirte recibir aire fresco y trasladar esa sensación a los lugares que necesitan ser oxigenados.*

Aunque no lo parezca porque lo disimulo muy bien, yo siempre he sido muy tímido, y asistir a actividades nuevas me costó un montón, me daba ansiedad (la oscuridad haciendo de las suyas), pero rápidamente me di cuenta de que, ser alguien nuevo en un entorno nuevo era como renacer en pequeñas dosis, al menos por unos instantes. Aunque ir me estresaba, salir de allí me resucitaba. Probé otros estilos de danza por los que nunca me había sentido interesado como el *body contact,* que además requería de un trabajo de equipo más que individual. Empecé a forzarme a socializar más con amigos, y aunque en algunos momentos esto propiciase que recayese en el alcohol o el sexo esporádico para olvidarme de mis tormentos, era parte del proceso de conocerme. Me traje un instrumento canario llamado timple, parecido al ukelele, para aprender a tocarlo en mis noches solitarias porque tampoco soportaba seguir viendo las series que dejé a medias con mi ex (me costó dos años poder terminarme la última temporada de *Juego de Tronos,* porque cada vez que escuchaba la intro lloraba a moco tendido). Muchas de estas nuevas actividades no me apasionaban, pero me mantenían activo, me hacían sentir orgulloso y, sobre todo, aportaban un poco de luz a mi vida, una luz que me daba esperanza.

La luz o la oscuridad no dependen únicamente de la situación que nos rodea, sino que pueden emanar de nuestro interior.

Probar cosas nuevas y sin carga personal permite irradiar luz con más facilidad porque nunca fueron impregnadas de carencias y deseos ambiciosos y por ello podemos conectar desde una parte distinta de nosotros, desde el presente y el mero disfrute, donde sin presión es más probable que florezca una sonrisa. Y así es como en mitad del disfrute suceden milagros, no por casualidad, sino porque:

Para que te pasen cosas buenas, hay que salir a buscarlas.

Probando tantas cosas nuevas, un día me dio por leer poesía, algo que nunca había hecho; no te creas que siempre he sido tan bohemio. Poesía, en general... al no saber nada del tema no sabía tampoco por dónde o quién empezar así que leí desde haikus japoneses hasta autores más típicos como Pablo Neruda o Maya Angelou, tocando incluso algunos textos de doctrinas religiosas. Así fue como di con esta frase atribuida a Gautama Buda que decía: **«Es más sabio conquistarse a uno mismo que librar mil batallas».**

Al leerla, se me clavó en el corazón como una flecha que me atravesaba el alma. ¿Sabes cuando lees algo que parece que habla de ti? Y no me refiero a esa nota que encontrabas en el recreo del colegio y que había escrito tu archienemiga criticándote. Me refiero a algo sabio que se siente como si hubiese sido escrito para que tú lo leyeras. Pues exactamente esa fue la conexión. Tanto tiempo dedicado a trabajar hacia mis objetivos, hacia ver mi carrera progresar, hacia la obtención de logros, pero ¿alguna vez había puesto tanto interés en amarme o conquistarme a mí? ¿En conocer los motores de mis acciones y palabras? Y, más importante, ¿en determinar qué tipo de ser humano quiero ser y trabajar en pulir los valores que lo forman? Dicen que después de la tormenta llega la calma, también dicen que no hay mal que por bien no venga, o en menos palabras, que nada es en vano, y la verdad, los dichos no existen porque sí. Jamás pensé que transitando el momento más oscuro de mi vida encontraría el poder que porta el universo que nos rodea y que, de esta manera, mi vida cambiaría para siempre... pero así fue.

A veces tenemos la mirada enfocada en tantos horizontes por conquistar que se nos olvida supervisar que la nave que nos lleva hasta ellos no tenga grietas. Debemos redirigir la mirada anclada en el horizonte hacia la nave, reparar los daños y averías de su interior y dejarnos sorprender con cómo ahora la nave es capaz de surcar los mares con una facilidad y velocidad nunca vista. Esto supuso un giro radical en mi vida que cambiaría el trascurso de las cosas, pude sentir cómo la asfixia que me provocaba la ansiedad, el estrés y la insatisfacción se disipaba al llenar todas las situaciones de un aire nuevo y fresco que brotaba nada más y nada menos que de mi interior. Y todo comenzó a ser ligero, y todo empezó a fluir por sí mismo, y la oscuridad se consumió ante el lento pero intenso abrazo de luz que fue emergiendo del corazón.

PLANTANDO SEMILLAS

Vamos a dar un poquito de aire a las zonas de nuestra vida que llevan mucho tiempo cerradas y en las que no está llegando bien el oxígeno. Es hora de esclarecer las zonas que se han tornado algo oscuras, y para ello no hacen falta grandes sacrificios, solo los movimientos adecuados para retirar con calma el velo de nuestros ojos. Para ello vamos a buscar:

* Busca un nuevo entorno o hábito que realizar, como ir al gimnasio, salir a correr al parque, pasear perros, hacer un voluntariado en el hospital o en un refugio de animales, o granja... **¡No te dejes llevar por la oscuridad!** No debes tener vergüenza o ansiedad, y si la tienes disfruta de desafiarlas. El universo te tiene la mano cogida, confía, y te sorprenderán las sorpresas que traerá a tu vida.

* Empieza una actividad nueva contigo misma, como leer un nuevo libro, aprender a meditar, salir a pasear al menos dos veces por semana, estirar diez minutos por la mañana...

* Atrévete a apuntarte a alguna actividad grupal, como ir a bailar o aprender a hacer yoga o a patinar... Si aún no te sientes preparado para la grupal, empieza con la individual.

Los días que realices tu actividad escribe en una libreta, tan temprano como puedas ese mismo día (idealmente por la mañana) los siguientes enunciados para preparar nuestra mente con la base adecuada para sacar el mayor beneficio:

* Nombra cinco cualidades que vas a desarrollar a lo largo del día de hoy. Ej.: *Desarrollo la confianza y disfruto poniéndome en situaciones que van a suponer un reto de crecimiento.* Siempre en positivo, en lugar de *Desarrollo perder el miedo...* sería *Desarrollo la seguridad...* Disfrútalo mientras lo haces, estás plantando semillas que van a dar sus frutos creando tu nueva realidad.

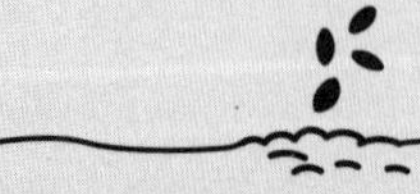

* Decreta cómo te vas a desenvolver en las distintas actividades que tengas hoy. Ej.: *Decreto que voy a disfrutar plenamente de bailar con mis compañeros hoy.* Un decreto es una afirmación con seguridad y certeza sin un *quiero* o *me gustaría* Ej. En lugar de *Decreto que me gustaría relajarme..., Decreto que estaré relajado...*

Mientras los defines, visualiza la sensación y tu actitud.

PARTE 2.

LA REVELACIÓN

UN RETIRO PARA MUCHO RUIDO

El regalo del presente, el regalo de la vida

Querido diario, es increíble la capacidad de adaptación y paciencia que tenemos. Yo siempre decía que tenía la paciencia en el culo porque de niño, cuando me ponían un puzle delante, recuerdo que observaba las piezas con detenimiento y, en lugar de cogerlas e ir probando, cuando decidía que dos debían ir juntas, iban juntas y punto. Así que las cogía y las encajaba. Si estaba en lo correcto y se unían sin problema todo iría genial, pero si no, lanzaba el puzle entero volando de un manotazo y lo reventaba contra la pared. ¡Y no volvía a tocarlo nunca más! Odiaba los puzles. Por eso siempre pensé que era una persona impaciente. Sin embargo, ahora me doy cuenta de que pasé muchísimos años aguantando una vida carente de amor propio, una vida ausente de espiritualidad y de tiempo para mi cuidado donde solo priorizaba el trabajo y la autoexplotación. ¡Y además lo hacía voluntariamente! Pues oye, para aguantar eso, ¡será que soy más paciente de lo que creía!

Ojalá hubiese tenido más paciencia para el puzle y menos para reventarme el alma durante tanto tiempo, pero oye, mejor despertar tarde que nunca. Así que el día que me revelé contra el insano estilo de vida que llevaba, decidí meterme a monja. Lo sé, te estarás preguntando que a qué coño viene esto ahora, pero, aunque suena a chiste, es anécdota. Destinamos muchísima paciencia a soportar estados de tensión y ansiedad, y no dejamos ni un poquito para nosotros mismos; es como que no hay tiempo para eso, solo para nuestras metas externas. Yo no es que decidiese meterme a monja porque me gustaba el hábito (de hecho, es bastante feo, yo le ajustaría un poquito la cintura, le metería una plataforma y unas hombreras, no sé, un poquito de pim, pam, pum), pero se me acabó la paciencia para seguir siendo un peón de la maquinaria cuyos sueños, ilusiones y emociones no importaban más que los billetes que pudiese generar. Sentía que debía entregar mi vida a un propósito puramente altruista y conectar desinteresadamente con los valores que nutren nuestra vida.

Al encontrar aquella frase proveniente del budismo que te comenté antes, una pequeña luz comenzó a brotar desde lo más dentro de mi ser, donde no se movía ningún ápice de ilusión desde hacía tiempo. Había nacido una inquietud. Comencé indagando en libros y textos de distintas doctrinas espirituales y, poco a poco, fui probando prácticas y rituales que llenaban de magia mi vida. Algunos chocaban más con mi precedente puramente ateo y rudimentario, y otros resonaban perfectamente en consonancia a la lógica y a mis hábitos creativos. No todas estas prácticas perduraron en el tiempo, la elección natural dejó ir algunas y mantuvo las que más me beneficiaban y eran más afines a mí, como la meditación. **Entendí la belleza de convertir tu vida en un ritual en favor a la virtud, de embellecer cada gesto y pensamiento con la voluntad más pura.** Descubrí la capacidad de convertirnos en seres elevados. Así fue como la vida cotidiana se me quedó pequeña. Necesitaba rodearme de maestros y gente devota al desarrollo del corazón y la mente. Y comencé a acudir a marchas por la paz y a retiros espirituales.

Allí conocí a gente increíble, con historias de superación que me dejaban boquiabierto. No me podía creer que alguien pudiera irradiar tanta paz y generosidad si la vida le había tratado de tal manera, pero así era. Era muy tierno e inspirador ver a tantas personas atravesando etapas y procesos distintos, pero todos con el objetivo de aprender a amar mejor, al mundo y a ellos mismos.

Acudí a muchos tipos de retiros. En algunos no hablábamos en todo el día. En otros cantábamos, caminábamos en silencio y meditábamos de madrugada. Y en uno de ellos me pasó de todo, ¡y obviamente te tengo que contar este chisme, amor!

¡CHISME, CHISME!

El último retiro al que asistí en esta época fue muy importante para mí. Los retiros suelen ser de pago, no muy elevado, lo justo para permitir su desarrollo; pero muchos ofrecen ayudas para que, si tu situación no es favorable, puedas acudir con los fondos restantes de retiros anteriores. Yo acudía a muchos así y este fue uno de ellos. La energía que se generó allí era preciosa. Conocí a muchos monjes budistas que formaban parte de una comunidad que admiraba, dado que había leído muchos libros de su maestro fundador, y durante esos días íbamos a participar en varias de sus prácticas diarias. Al final del proceso te daban la opción de tomar los entrenamientos de la plena conciencia, que es algo así como unos votos monásticos, y era una opción que yo comenzaba a valorar seriamente.

Nos levantábamos de madrugada para hacer la primera meditación y comenzar el día estableciendo un continuo mental virtuoso. Después, desayunábamos en silencio en un comedor con más de trescientas personas. Nos sonreíamos, pero nuestro enfoque estaba en observar y degustar nuestra comida en momento presente, mientras analizábamos todos los lugares y manos por los que esos alimentos habrían pasado antes de que pudiéramos tener la suerte de disfrutarlos. Una vez, a una persona le empezó a dar un ataque de risa y acabó contagiándosela a todo el comedor. Fue muy gracioso. Después recibíamos una enseñanza de alguno de los maestros y meditábamos sobre ella al terminar. A continuación, podíamos comenzar a hablar por primera vez en el día entre nosotros, antes de volver a almorzar en silencio para luego hacer algunas actividades más durante la tarde. Nos íbamos a dormir tempranito para volver a despertar de madrugada. Pasar tanto tiempo en silencio te ayudaba a relacionarte mejor con tu mente, la escuchabas más despierto que nunca y eras capaz de silenciarla para simplemente *ser* en momento presente. Los primeros días me costaba muchísimo comunicarme con mi compañero de cuarto antes de ir a dormir porque como no hablábamos, no quería interrumpirle para preguntarle si le importaba que apagase la luz o no y acabábamos haciendo aspavientos para tratar de comunicarnos que eran aún más disruptivos que preguntar:

«¿Quieres apagar la luz?». Los días pasaban y, lo que en un principio resultaba forzado, se fue convirtiendo en lo normal. Ya no daban ataques de risa en el comedor ni teníamos que hacernos señas para apagar la luz antes de dormir. Las energías tensas y el nerviosismo se empezaron a desvanecer y todo comenzó a fluir con naturalidad. Cada vez era más fácil estar en momento presente. **Jamás había escuchado el sonido de mi respiración tan profundamente, y me di cuenta de lo poco que nos paramos a respirar por respirar.** Durante estos días conocí a un chico que me cayó muy bien. Nos empezamos a juntar en los momentos que teníamos para socializar y tuvimos muchas conversaciones profundas. Él era masajista y yo le conté que era, entre otras cosas, bailarín, a lo cual añadió que se había dado cuenta por mi cuerpo. Idiota de mí, que no caí con ese comentario en que quizás le gustaba. Un día, después de la última meditación del día, me preguntó si me quería subir a su cuarto a darme un masaje. ¿PERDONA? *Shockeada* me vi. ¡Me estaba seduciendo en un retiro espiritual, la muy cochinota! Y no te voy a negar que es toda una fantasía, pero yo estaba tan enfocado en mi práctica que con dignidad rechacé su propuesta y me subí a mi habitación cual monja célibe. Al día siguiente se disculpó.

Llegó el último día, donde tenías la opción de tomar los votos monásticos. Antes de comenzar el retiro sabía que si los tomaba estaría decidiendo el rumbo que seguiría mi vida. No quise premeditar nada, quería que, al llegar el momento, mi corazón revelase la decisión en momento presente. Por un lado, me tiraba seguir dedicándome a mi carrera, a crear y al arte que me había hecho tan feliz y que es parte de mi naturaleza como ser humano, pero cuya industria había afectado severamente mi amor propio. Y por otro lado, se me ponía delante la vida monástica, donde podría desarrollar en un entorno idílico las facultades que me lleven a la paz interior y a vivir por el altruismo, pero que me haría abandonar tantas pasiones que practiqué desde niño y que me vuelven la cabeza loquita.

Llegó el momento de la ceremonia. Recibimos la enseñanza, meditamos, recitamos e hicimos reverencias, y entonces, tocó elegir los entrenamientos de la plena conciencia con los que te comprometías. Pensaba que sería más difícil, pero en ese momento bastó con ser sincero. Me comprometí solo con tres, o mejor dicho, no *solo* con tres, me comprometí con tres, sin el *solo.* Los tres que me consideré capaz de asumir para mejorar mi vida y la de los que me rodean con éxito, sin querer abarcar de más y abrumarme: la reverencia a la vida, la verdadera felicidad y el habla amorosa y escucha profunda.

Estaba feliz con mi decisión, pero creí que para los monjes no habría sido un compromiso real y que estarían algo decepcionados al no haberme comprometido con más. Para mi sorpresa no fue así, me dieron la bienvenida como un miembro más de su comunidad y recibí un nombre de ordenación: Jesús Tazarte Compromiso Profundo del Corazón. Ya sé lo que estás pensando… un poco largo y moñas, parece el nombre de una telenovela. Yo quería algo más, así como Tazarte Diva Máxima del Espíritu Celestial, pero bueno. Estaba satisfecho, aunque seguía sin saber qué debía hacer ahora con mi vida. Nadie se me había acercado para ofrecerme ingresar en el monasterio, no sabía muy bien cómo iba este procedimiento, no todos los días se hace monja uno. Así que antes de partir decidí consultar a un maestro para escuchar su opinión: «El río no se preocupa del camino que tendrá que recorrer, tan solo lo recorre», me soltó… Pues muy bonito, muy *mystique,* pero me dejas como estaba. Entonces, ¿me meto a monje o me vuelvo a la ciudad? A lo que respondió con ternura:

«Un monje se entrega y rodea con las condiciones idóneas para desarrollar los estados más profundos de conciencia y ser en mayor beneficio para otros. Pero es en la vida cotidiana, y no en el monasterio, donde la práctica de la virtud es más necesaria. Nosotros mismos, al venir a la ciudad y vernos sumidos en tantos estímulos que no tenemos en el monasterio, vemos nuestra propia práctica dificultada, pero es entonces cuando nos entusiasmamos porque el reto es aún mayor y la enseñanza encuentra su verdadero lugar. El objetivo no cambia, tan solo lo harán las condiciones que te rodean».

No me dijo lo que tenía que hacer, pero despejó mis dudas. Estaba entusiasmado de retomar mis pasiones pero aprender a perseguirlas con la postura más beneficiosa, donde quizás se ponen ante mí más retos, pero que harán aún más emocionante la aventura. Me puse de camino y volví a la ciudad. Aunque ya no era la misma ciudad. Mis sentidos estaban tan despiertos que todo parecía estar multiplicado. Tras tantos días en silencio y en momento presente, escuchaba todos los ruidos y voces con mucha intensidad, me abrumaban tantas expresiones e interacciones, y nada más llegar a casa me llamaron para contarme que la abuela de un amigo había fallecido. Yo ni la conocía, pero al terminar la llamada me senté en la cama y comencé a llorar sin parar. Estuve dos horas llorando. Estaba desbordado de emociones y estímulos, mis sentimientos estaban a flor de piel, pero, a pesar de la noticia tan triste que me acababan de dar, no lloraba de tristeza, sino de un sentimiento de belleza y compasión por la vida. La belleza que tiene ser consciente del momento presente, de cuyos milagros y desdichas somos parte. Y no es que me hubiese parado a analizarlo, simplemente ¡la naturaleza de la vida era más evidente que nunca! Me atravesaba, me sentía afortunado de estar aquí, ahora, y por el tiempo que sea. Fue una catarsis y sentía que había renacido por fin, tenía ganas de volver a embarcarme en esta loca travesía una vez más, pero esta vez, con el latir consciente.

Era hora de volver a las andadas, pero ahora ciertos principios que había aprendido debían quedar grabados a fuego en mi espíritu como normas divinas que me guiarían en el camino. Ahora la espiritualidad era mi compañera de viaje, y me iba a enseñar que viajar nunca había sido tan bonito.

PLANTANDO SEMILLAS

Lo ideal de un retiro es aislarte de tu burbuja para pasar un tiempo especial en un lugar que te permita dialogar con tu mente y tu entorno con más facilidad, sin los estímulos del día a día. Sin embargo, podemos crear nuestro propio pequeño retiro en nuestra vida para practicarlo al menos una vez al mes.

* Elige un día para practicar tu pequeño retiro propio. Esta práctica está pensada para que puedas compaginarlo con un día en el que no tengas nada que hacer y puedas pasarlo de forma aislada, únicamente contigo. Pero también puedes ponerlo en práctica un día en el que tienes que continuar con tus labores, por si no puedes permitirte un día de aislamiento.

Retiro en un día

* **Meditación.** Comienza la mañana con una pequeña práctica meditativa para instaurar un continuo mental positivo. Si tienes conocimientos previos sobre el tema, puedes usar alguna práctica que sea acorde con el objetivo de esta meditación. También puedes buscar alguna meditación en internet de Atención Plena o simplemente sentarte en una postura cómoda pero erguida, respirar con la cuenta del 1 al 10, y una vez conectemos con un estado de calma, sentir que respiras oxígeno y desprendes amor.

* **Enseñanza.** Lee o ten preparado para este día un texto, vídeo o audio que comulgue sabiduría y virtud. Tras tu meditación absorbe este conocimiento que nos permite cultivar nuestra mente con semillas valiosas.

* **Atención plena.** Practica la atención plena o momento presente en las próximas horas. Conviértelo en tu mayor objetivo. Practicar la atención plena es concentrarte en tu respiración y usar tus sentidos para estar aquí y ahora, tratando de absorber los estímulos del

exterior y alejarnos de un mundo con pensamientos incesantes que nos apartan del presente. Puedes practicar la atención plena durante tu día de retiro mientras desayunas y haces tareas del hogar, mientras vas de camino al trabajo... Al comenzar los distintos deberes del día, la mente tendrá el gran reto de lidiar con muchos pensamientos, y por ello nuestra atención plena deberá ser más vigilante que nunca. En el día del retiro comprométete con ella.

* **Comida con gratitud.** A la hora de comer haz un trabajo de gratitud con tu comida. Observa tu plato. ¿Qué alimentos contiene? ¿Cómo huele? ¿Puedo identificar distintos sabores? Imagínate el trayecto que ha tenido que recorrer cada alimento, desde el agricultor que lo plantó, hasta el que lo recogió, hasta el que lo transportó... la persona que lo colocó en el supermercado, quien fuera que lo cortó... ¿Cuántos seres han formado parte del milagro de que esta comida haya llegado a nuestro plato? Agradece cada bocado.

* **Gesto de amor.** Haz un gesto de amor antes de que anochezca. Sujeta la puerta a alguien. Deja una nota con una frase bonita por ahí. Sonríe a alguien al pasar...

* **Paseo en presente.** Da un paseo para conectar con el mundo en el que estás. Al dar cada paso, sé consciente de tu planta del pie entrando en conexión con el planeta tierra. Observa las flores, nubes, gotas de humedad, rayos de sol, sonidos y seres que te rodean. Estás aquí y eres parte de ello.

* **Plegarias.** Antes de ir a dormir date un momento para desear al mundo cosas hermosas. Pueden ser deseos genéricos o enviarlos de forma particular. Desea cambios bondadosos: *Que todos los seres tengan paz y moren en completa plenitud, Que pueda la tierra sanar el daño que hemos hecho sobreexplotándola, Que Ana pueda curar su enfermedad y vivir cada día de su vida llena de amor...*

* **Meditación.** Antes de dormir o al acostarte haz una meditación de simple atención en tu respiración. Trata de enfocarte en el disfrute de respirar. Si los pensamientos intrusivos se llevan la atención de tu respiración, sé consciente de ellos.

Y con eso y un bizcocho, nos vemos en el próximo retiro a las ocho.

EL ESPÍRITU EN TI, ESE QUE TIENES ABANDONAO
Qué es la espiritualidad

Querido diario, yo he aprendido en esta vida un montón de cosas que no servían para nada, como las raíces cuadradas. Dime tú para qué se usa eso porque todavía no lo tengo claro. Habrá gente que sabrá sacarles partido, pero estoy seguro de que había cositas más útiles que aprender para mi futuro que eso. Lo que está claro es que aprendemos de todo menos a usar nuestra mente. Damos por hecho que es natural saber hacerlo, pero la propia experiencia y el incremento de las tasas de trastornos mentales demuestran que estamos todas como cabras. Nos sueltan en este mundo en donde se considera que debes adquirir conocimientos sobre economía, idiomas, matemáticas y desarrollar ciertas aptitudes como individuo para «enfrentarte» al mundo correctamente, pero se nos olvida aprender a entrenar **la única cosa por la que se percibe todo cuanto nos rodea y que define nuestra experiencia: Nuestra Mente.**

Nuestra mente interpreta todo lo que experimentamos. Pero, aunque las cosas pueden parecer lo que son, nunca son lo que parecen. Un cactus es un cactus porque tiene púas y es verde, y quizás los odiamos porque una vez nos picamos con uno. Pero un cactus no es en esencia un cactus, es energía en continuo cambio, y las emociones e ideas que ligamos a ese cactus son tan ilusorias como el propio cactus. Es todo parte de la perspectiva que conforma todo lo que nuestra mente interpreta. Por ello en el silencio hay más verdad que en el ruido, porque el silencio nos permite mirar el cactus y no verlo como un cactus al que asociamos emociones e ideas, sino que vemos materia y energía de la que incluso formamos parte. En este nivel de conciencia profunda podemos empezar a despejar apegos y emociones con sucesos que son superfluos, con sucesos que nada tienen que ver con lo único que es real: el amor. ¡Problema! Este nivel de supraconciencia no se enseña en el colegio porque se da por hecho que todos sabemos pensar automáticamente. ¡Pero, querida, si casi no sabemos ni limpiarnos el culo correctamente! ¡Cómo voy a saber usar mi mente y manejar mis emociones en una vida en la que tengo que trabajar de media doscientas horas semanales y aún así no nos da para cubrir los derechos básicos, tenemos más cuernos que Belcebú y las relaciones están más divididas que las Spice Girls! ¡Lo que estoy es desquiciado tratando de entender!

No hemos venido a *enfrentarnos* al mundo, hemos venido a prosperar en él, pero no lo sentimos así porque no hemos cultivado nuestra mente con las herramientas necesarias para transitarlo sin sufrir innecesariamente.

Parece que prosperar solo es posible en una mansión en las Islas Caimán, y oye, si me la regalas no te la voy a negar, pero lo cierto es que este es precisamente el cuento que nos han contado para asegurarse de que la maquinaria no deja de funcionar, que tus carencias siguen empujando el carro aun cuando no te quedan fuerzas, con la esperanza de encontrar en causas externas ese bienestar que las supla. Sí, el dinero es un pase VIP a muchas facilidades en nuestra sociedad y está tan bien perseguirlo como no hacerlo, pero los ricos tampoco se escapan de los trastornos mentales.

El único lugar donde se puede encontrar el bienestar es dentro de ti.

A veces uno cree que solo dejando atrás todo lo que conoce y recluyéndose en un monasterio para abandonar el mundo sensible, será capaz de alcanzar el famoso estado iluminado en el que la paz prevalece. Y, hombre, si dejase de cruzarme con la loca desagradable de mi vecina todas las mañanas está claro que mi vida sería más fácil. Definitivamente rodearte de condiciones idóneas facilita las cosas para encontrar esa sabiduría que te lleve a la paz. Muerto el perro se acabó la rabia, ¿no? (Lo siento por poner este ejemplo tan violento en un libro que aboga a la virtud, pero estoy seguro de que sirve para entenderme, además no puedo evitarlo, ya has comprobado que yo soy muy namasté, pero también más bruto que un *arao*). Por ello estuve a punto de ingresar en un monasterio. Sin embargo, reside en nuestra mente una naturaleza sanadora, siempre dispuesta a nuestro favor, que está ahí para apoyarnos en cada reto que la vida nos presenta, incluso en el temido mundo real, fuera de los muros protectores de un santuario: la espiritualidad.

La espiritualidad es el entrenamiento y uso consciente de la mente y una vez iniciado su entrenamiento, no habrá vuelta atrás. Permanecerá latente bajo cualquier condición o circunstancia, incluso en medio de la vorágine de perseguir tus metas y manejar todas las obligaciones de la vida diaria. Curiosamente, no solo es gratificante hacerlo, sino que los resultados y beneficios que trae consigo triplican las expectativas, también profesionalmente.

¿Conoces el famoso mito de la caverna de Platón? Si no, no te preocupes que yo te lo cuento para hacerme la sabionda y de paso hacer una metáfora muy interesante.

Mito de la caverna:

Imagínate que llevas toda la vida dentro de una cueva, y lo único que conoces del mundo exterior son esas sombras distorsionadas que se reflejan en la pared provocadas por los seres y formas provenientes de afuera. El mito de la caverna cuenta que, dentro de la cueva, puedes dar por reales esas sombras estableciendo así la idea en tu mente de que ellas definen la realidad, o puedes atreverte a embarcarte en una travesía hacia el exterior y así descubrir la verdadera naturaleza de esas sombras. Solo con la segunda opción tus sentidos evidenciarán que la temible forma distorsionada de un monstruo que se reflejaba en la pared no era más que un simple conejito.

Embarcarte en el camino espiritual es permitirnos visualizar la verdadera naturaleza de las cosas y dejar de temer ilusiones que realmente no son amenazas en nuestro camino.

La gran mayoría de amenazas que encontramos en nuestras vidas no son más que una percepción errónea, cargada de mucho ruido, de cosas y sucesos inofensivos. Si todas esas amenazas o miedos que nos causan tanta ansiedad y estrés fuesen reales, probablemente habríamos muerto hace mucho tiempo, pero aquí seguimos. Despejar ese miedo y esas dudas para llenar de paz nuestro entorno es desarrollar la espiritualidad. Muchas veces se piensa que dedicarse a la espiritualidad o considerarse un ser espiritual es ponerte de rodillas y rezar a un ente imaginario, y oye, si eso te ayuda a alcanzar un estado que eleve tus virtudes, obviamente lo es, pero no únicamente.

La espiritualidad es el desarrollo consciente de las emociones del corazón. No se elige ser espiritual, eres espiritual por naturaleza, y el abandono de esta conexión es lo que provoca la pérdida del rumbo.

Para entrenar correctamente nuestra mente, conviene comenzar entendiendo la naturaleza de dos principios fundamentales entrelazados:

* La naturaleza de la mente es clara y pura. Los pensamientos y emociones son pasajeros. El Buda le pidió a su discípulo Ananda que le trajera un vaso de agua del río, pero cuando este llegó al río se encontró el agua revuelta y llena de hojas y lodo tras el paso de unos caballos. Así que volvió sin el agua. El Buda, que conocía la naturaleza del río, le pidió que volviese y que esperase en la orilla hasta que las aguas se calmaran. Y así fue como, tras mantenerse en la orilla y dejar que la corriente se llevase las hojas pasajeras, el agua volvió a su naturaleza limpia y cristalina. Ananda entonces entendió la enseñanza: No sigas la corriente de tu mente, espera y observa en la orilla mientras los pensamientos pasajeros pasan y devuelven la pureza natural que la conforma.

* La naturaleza del universo es el amor. El amor es creación, es unión, es fusión y transformación, es trascendencia, es expansivo, es lo único que es real. Este es el único idioma que entiende el universo, el del amor.

Ambos principios configuran nuestra existencia y están formados de una base libre de amenaza. Entender su base nos ayudará a desdibujar lo que conocemos y a reescribir correctamente lo que nunca nos enseñaron, de esta forma podremos percibir el mundo de una manera alineada con nuestra naturaleza, y encontrar el estado de paz que surge de ello.

Todo cuanto se aleja de su naturaleza perece, un pez fuera del agua no puede respirar y nosotros, desconectados de nuestra espiritualidad, nos ahogamos ante los retos de la vida.

Al cultivar nuestra espiritualidad nos entrenamos para vivir en un estado más atento sobre nuestra reacción y relación ante los distintos sucesos que acontecen a nuestro alrededor. Gracias a ello nos vemos con la capacidad de analizar con cierta distancia nuestras emociones antes de dejar que se hagan dueñas de nosotros y nos permitimos mantener el control y decidir el camino que más nos beneficiará a nosotros y a quienes nos rodean. ¿Alguna vez has visto a alguien que desprende sabiduría? No es alguien que sabe muchas cosas sin más, sino alguien con un buen manejo de las emociones que reacciona a los retos con calma. Lo más bonito no es esa imagen que da (que también, no hay nada más glamuroso), sino esa capacidad para evitar que sus emociones lo dominen y mantener la paz ante los retos. Todo beneficios.

La espiritualidad es una magia que la mente nos permite hacer, pero que genera efectos avalados por la ciencia, lo cual significa que no es tan mágico, sino simplemente natural. No es creerse tus mentiras para ignorar la cruda realidad, es todo lo contrario, eso es más bien lo que hago yo en cada cumpleaños cuando me repito que la edad es solo un número, no lo es, amore, esas patas de gallo no estaban ahí antes. Es un camino de sutilezas donde la intención tiene más importancia que la práctica, pero donde sin práctica, la intención no alcanza su potencial. Esto quiere decir que de nada sirve hacerte la santa llevando un rosario colgado si luego sales a la calle y te cagas en los muertos de la que se llevó la última sandía que querías en el supermercado. Parece obvio, pero no lo es porque ¡todos nos hemos cagado en la que se llevó la última sandía!

La espiritualidad es reeducar la percepción para abrirnos a las maravillas que impregnan nuestra existencia y aprender a transitar con una media sonrisa incluso ante la cruda realidad, suavizando así su crudeza.

Ciertas cosas solo serán visibles cuando nos permitimos verlas.

Como seres espirituales es crucial hacernos preguntas, reflexionar sobre nuestros hábitos y sobre todo redirigir nuestras intenciones hacia fines virtuosos. Así que vamos a dar importancia a ciertos pilares de nuestra vida que pertenecen al mundo espiritual para dedicarles el tiempo que las raíces cuadradas se robaron y sacar conclusiones que redirijan nuestro camino.

Coge papel y boli y reflexiona sobre los siguientes. Aprovecha al artista que sabes que hay en ti y siéntete libre de dar rienda suelta a tu escritura, encuentra las palabras que te ayuden a explicar exactamente lo que sientes y, sobre todo, disfruta el proceso. Es importante que lo escribas para la reflexión que viene después.

* ¿Qué es para ti el amor?
* ¿Qué es para ti la vida?
* ¿Qué es para ti la muerte?
* ¿Qué es para ti el miedo?
* ¿Qué es para ti el universo?
* ¿Qué es para ti el destino?
* ¿Qué es para ti la felicidad?

Tras escribir tu visión de estos conceptos, lee tus respuestas. Ahora pregúntate: **¿Me relaciono en mi vida con estos conceptos de una forma que me permite encontrar la paz y la satisfacción?**

Si la respuesta es no, escribe ahora cómo te desenvuelves con ellos y qué te provocan para impedir estar en paz. Léelos. Compáralos con lo escrito anteriormente, ¿sacas alguna reflexión?

Al terminar el viaje vuelve a responder esta pregunta y comprueba si algo ha cambiado.

EL CONCEPTO DE EL TODO
Desmontando el Ego, conectando con el universo

Querido diario, aunque soy el personaje principal de mi percepción, eso no significa que la película gire en torno a mí. ¡Y menos mal! Porque sería todo muy solitario y la realidad es que no dejamos de ser más que parte de El Todo.

El Todo es cuanto sucede y acontece, todo cuanto nos rodea y de lo que formamos parte. El universo.

Es normal sentirse muy pequeñito y creer que nuestros deseos y voluntades son insignificantes ante la magnitud del cosmos, pero la realidad es que tú eres esa magnitud porque El Todo también eres tú. Ya lo sé, esto parece una misa ahora mismo, pero está de moda creer que, si te imaginas que eres el personaje principal (el protagonista de la trama, el héroe de la historia) y que el resto del mundo son tramas secundarias, podrás dar a tus deseos el valor que se merecen y enfrentarte a los retos con más facilidad. Es como una especie de rol que adoptamos para subirnos la autoestima y sentirnos empoderados a la hora de pisar el mundo, pero no deja de ser una fachada para no hacer frente a lo que realmente nos pasa: **nos cuesta amarnos y amar el mundo que nos rodea**. Lo único que conseguimos al final aplicando este concepto es que, inconscientemente, vivamos en una constante división en la que te separas a ti del resto del mundo y convierte el terreno de juego en algo hostil, un lugar donde existo yo y luego los demás. Sin embargo, la realidad bien entendida, que es mucho más bonita y beneficiosa que este concepto, es que eres una extensión del resto del mundo, y sentirte hermoso, valiente, alegre o imperfecto es regalar al resto toda esa humanidad. No debes pedir perdón ni permiso por querer ser excelente y brillar, y mucho menos ocultarte bajo una fachada de ningún personaje para hacerlo. El mundo está aquí, no para o contra ti, sino contigo. Tan solo hay que aprender ciertos conceptos que amplíen nuestra visión para percibirlo con los ojos abiertos y que las cosas empiecen a sucedernos de otra manera.

Al ser parte de El Todo, cada pensamiento, palabra o acción que sembramos genera más impacto del que somos conscientes. Tendemos a creer que cuanto menos sacamos de nosotros, que cuanto menos vulnerables nos mostramos, mejor nos irá. Concebimos esta idea porque limitamos el mundo que nos rodea a los desencantos y decepciones mundanos que, habiéndose apoderado de nuestra mente desentrenada, nos han supuesto tremendos disgustos. Y entonces ahora uno prefiere meter la cabeza en su caparazón y transitar el cosmos armado hasta los dientes *por si acaso*. Lo único que conseguimos es cerrarnos al universo, impidiendo así que entren sus infinitas maravillas.

No somos un ente separado de todo lo que nos rodea, somos todo lo que nos rodea. Las plantas, los insectos, los minerales, las estrellas, el viento, nuestra mascota, la vecina que odiamos, nuestros amigos... Todo ello eres tú, tú eres ello, todos somos parte de El Todo. Si él sonríe, será más fácil que sonrías tú; si tú sonríes, otros sonreirán gracias a ti. Si él sufre, jamás habrá paz para ti; si tú sufres, jamás habrá paz en el mundo. Estamos completamente interconectados, pero hay algo que nos impide sentirlo así: el Ego.

El Ego es mío yo, mi, me, mío, mi cosa, mi familia, de mí, me pertenece, yo soy, ma, mi, me, conmigo, yo, yo y yo, y no tú. El Ego es una ilusión que nos separa del Todo, que es lo único que somos. Somos el Todo, pero el Ego ha creado esa identidad separada de él llamada Yo. El concepto de *mío* solo lo podemos eliminar cuando eliminamos el concepto de *Yo*. Lo que más nos hace sufrir durante la vida (y ante la muerte) es aferrarnos al Yo.

Este Ego es lo que provoca que las cosas *nos* pasen. Nunca observamos la cadena de sucesos como realmente acontecen, simplemente *nos* acontecen. Todo es personal, todo es intencionado, todo gira alrededor de nuestro culo, que déjame decirte, por mucho que lo estés entrenando en el gimnasio, no tiene tanta fuerza gravitatoria. Así, convertimos una vida rica y valiosa en una experiencia infantil y mediocre, donde todo lo recibimos como niños caprichosos e insatisfechos. Armamos grandes dramas porque el Ego es un personajillo muy digno y tiene la piel muy fina.

El Ego es lo que provoca que veamos a alguien recibir dicha y fortuna y nos duela porque no somos nosotros quienes la recibimos. El ego convierte a los amigos en enemigos, divide las familias, y hace tan difícil decir perdón. La influencia del Ego provoca una separación tan grande entre Yo y otros, que es el principal motivo por el que estamos en continua guerra. Si todos cambiásemos el enfoque de *Qué me hacen a mí* y lo dirigiéramos a *Qué le duele para comportarse* así o *Por qué hace lo que hace* (en lugar de: Me hace lo que Me hace), probablemente en unas generaciones lograríamos la paz mundial.

La mente tiene la capacidad de convertir en flores las flechas que NOS tiran, y transformarlas en lecciones que tratan de hacernos más sabios. Pero el Yo, el Ego, solo ve flechas como flechas que tratan de atacarme y no nos permite ver más allá de lo que NOS hacen y no de lo que uno se hace a sí mismo para actuar como actúa. Entramos en este bucle en el que o somos víctima o verdugo, pero siempre somos YO ante la situación.

Y ante tanto drama superfluo en el que nos tiene sumidos este ego, haciéndonos protagonistas de las telenovelas más cutres, lo único que conseguimos es desaprovechar nuestro verdadero poder. El Todo del que somos parte devuelve frutos en consonancia con la energía que desprendemos, o más bien, se ve alterado simultáneamente por las condiciones que creamos a nuestro paso y con las que nos rodeamos. ¿Qué quiere decir esto? Que todo suma, desde el gesto más pequeño hasta el pensamiento más insignificante. Absolutamente todo tiene un impacto directo e indirecto en El Todo. ¡Se han encontrado envoltorios de productos locales en el mismísimo polo norte! Regalar una simple sonrisa a un extraño puede mejorar su día y cambiar el de todas las personas con las que se relacione, que a su vez seguirá expandiéndose con ellos. Los pensamientos y acciones que tienes aquí llegan a generar un impacto no en el otro lado del planeta, sino en el lugar más inhóspito del universo.

Esto es una cosa increíble, significa que todo cuanto haces tiene un despliegue enorme de efectos a tu alrededor y usado correctamente puede atraer las maravillas más inmensas de la vida. El universo escucha, El Todo siente lo que tú sientes. ¡Es magia sin necesidad de serlo, *baby*! El universo te ha dotado de un poder enorme, pero como los mejores hechiceros, solo con la atención y la energía adecuada sabrás manejar ese poder en tu beneficio.

Teniendo en cuenta la ineludible conexión con El Todo del que formamos parte, solo podremos enriquecernos de su poder si comenzamos a deconstruir el Ego y ampliamos nuestra atención consciente a todo cuanto nos rodea. Analizando la naturaleza cambiante de las cosas y reconociendo la similitud que tenemos con ellas. Ser simplemente más despiertos a la realidad que nos conforma. Vernos reflejados en todo cuanto nos sucede y recordar que no nos sucede, sino que más bien sucede y somos parte de ello.

PLANTANDO SEMILLAS

Todo cuanto te rodea es pasajero. Las hojas de este libro se convertirán en polvo, las paredes a tu alrededor serán arena y las nubes que hay sobre ti, agua. Pero ahora son nubes, ahora son muros y ahora son hojas que te cuentan algo. Ahora lo son, porque tú estás aquí para percibirlas así. Todo cuanto te rodea es lo que es porque tú estás aquí, tú y todo lo que te rodea, sois lo mismo, sois ahora, sois presente.

* Saca alguna extremidad por la ventana y trata de sentir el aire. Ese aire no existía hace 4500 millones de años, cuando aún no había atmósfera. De hecho, sus valores fluctúan a cada instante. La naturaleza de ese aire no es *estar aquí*, ahora lo está, igual que tú, y no es casualidad, porque formáis parte el uno del otro. Trata de conectar con esto.

* Aprende a verte reflejado en todo cuanto te rodea. Observa cualquier objeto, sustancia, ser o evento a tu alrededor y analiza su naturaleza. ¿Será esta su forma eternamente? ¿Somos ambos tal cual somos, parte del mismo presente? ¿Somos ambos partes de la misma energía en constante transformación?

* Si nada de lo que te rodea estuviese aquí, ¿seguirías tú siendo tú? ¿Para quién? ¿Para ti mismo? ¿Y en qué se basaría ese tal *yo*? Si no podemos vernos reflejados, ni nada ni nadie puede percibir lo que hacemos, decimos, pensamos o cómo nos vemos externamente, ¿se desvanecerían también nuestros sueños y propósitos? ¿Qué sería *yo* sin lo que me rodea, más que conciencia en momento presente? ¿Seguiríamos definiéndonos apegados al recuerdo de lo que fuimos cuando sí teníamos todo eso que supuestamente somos?

En la vida física somos nuestra expresión en El Todo, nuestras acciones, nuestras ideas pensamientos y decisiones, somos parte de El Todo. En el plano trascendental somos energía como todo lo que hay, y de la misma manera seguimos formando parte de El Todo. Abre conciencia de esta relación para empezar a acceder al verdadero poder que reside en la interconexión.

KARMA Y LAS REGLAS DEL JUEGO QUE NUNCA NOS EXPLICARON

Entrenando nuestro poder de causa y efecto

Querido diario, a mí siempre me gustaron las películas de magia y poderes, pero nunca pensé que la vida misma fuese exactamente eso. ¡Nos pasamos todo el día haciendo magia y no lo sabemos! Supongo que la diferencia entre un mago y nosotros es que el mago sabe lo que hace para conseguir lo que quiere, y nosotros simplemente hacemos cosas y esperamos que los resultados sean los que queremos. Pero claro, mientras que el mago conoce las palabras exactas y el movimiento concreto de su varita para generar el efecto energético deseado, nosotros... ¿Sabemos cómo funciona la ley de causa y efecto?

Seguro has oído hablar del famoso karma, ¿no? ¡Todos conocemos el karma y nos encanta decir «¡Ja ja, karma!». Pero es hora de entender cómo funciona. No es tanto «si me porto bien, se portarán bien conmigo» (aunque también, no podemos esperar una caricia de alguien a quien hemos escupido, a no ser que le vaya ese rollo... ¡QUIÉN SABE!). Más bien, el karma funciona así: **Si eres capaz de verter energía virtuosa en El Todo, significa que estás conectado con la virtud del universo y, por consecuencia, todo lo que te rodea será percibido a través de ella. Multiplicando así los frutos en cinco dimensiones. Causa y efecto.**

A ver, explícame eso que casi pierdo medio cerebro tratando de descifrar la frasecita. Pongamos como ejemplo la bondad. Solo podemos ser bondadosos con alguien si estamos conectados con la bondad. Si no, lo que estamos siendo es falsos JAJAJA. Solo se puede ser algo verdaderamente desde el corazón, y así lo entiende el universo. Al conectar con la bondad de nuestro corazón, esta brotará naturalmente del universo provocando, no solo que actuemos bondadosamente, sino que transitemos el cosmos apreciando la bondad que nos rodea, enriqueciendo nuestro paso por la existencia y manteniéndonos conectados con la abundancia.

Para que el efecto kármico tenga todo su potencial y atraiga los regalos del universo, no basta con ejecutar el gesto o acción bondadosa sin conectar desde el corazón (que incluso así, ya provocará su debido efecto virtuoso). Para que la energía correcta se irradie y sea atrayente tiene que nacer puramente de una emoción verdadera de bondad del corazón, altruista y abundante. Honesta. Al ser estos sentimientos los que impregnan tu energía, significará que has conseguido conectar con esta frecuencia cósmica y esto es recibido por El Todo, y será devuelto de maneras inesperadas en tu vida.

Observemos esta situación: si alguien te ha hecho daño y te es imposible perdonar el odio que sientes, aunque te portes cívicamente y decidas no arrancarle la peluca, o incluso seas capaz de tener una relación cordial con esta persona, mientras sigas sintiendo odio y le desees el mal, incluso inconscientemente, no será esa persona quien sufra de ese odio sino uno mismo, al no habernos curado de la emoción negativa y seguir portándola en nuestro corazón. Esto nos conecta con una frecuencia energética que nos hace percibir una realidad alterada y, por lo tanto, se verá reflejado en la energía que devolvemos al Todo del que formamos parte. Y sintiéndolo mucho, esto atraerá inevitablemente repercusiones a nuestra vida. Y eso no es nada glamuroso, amorchi. Por lo tanto:

> *Las semillas kármicas que plantamos se ven puramente condicionadas por nuestra intención, más que por la acción en sí misma.*

En el budismo se habla del **mérito** como la conducta constructiva y las repercusiones que esta provoca no solo en tu entorno sino en tu continuo mental. El mérito es capaz de atraer buenas circunstancias en la vida de una persona, así como mejorar la mente y el bienestar interior de la persona. Esto significa que, cuando practicamos la virtud en cada gesto o pensamiento de nuestra existencia, no solo atrae más virtud, sino que deja una semilla en tu mente que brota expandiendo su potencial de forma natural. Lo que provocará que cada vez sea más fácil e instintivo morar en este estado y, por consiguiente, sus efectos sean más visibles en tu vida.

Un cuento tibetano narra que un pobre campesino, que no tenía ni siquiera para cubrirse de la lluvia, vio la estatua del buda mojándose, así que se quitó un zapato y se lo colocó en la cabeza para evitar que le cayese tanta agua. Según cuentan los sabios, esta acción significó un enorme cosecho de mérito y karma positivo, pues fue una acción honrada y de corazón. Sin embargo, a las pocas horas una señora que pasó vio al buda con un zapato en la cabeza y pensó en proteger su imagen sagrada de semejante ofensa, y retiró el zapato inmediatamente, aunque se mojara. Esta acción también supuso un cosecho inconmensurable de mérito, porque, aún contraria a la otra, provenía de la misma motivación honrada de cuidar al buda. Más importante que lo externo, fue la motivación.

Y hablando de karma, no podía dejar de contarte una anécdota relacionada con él, ¡porque todos tenemos alguna! ¡Y la primera vez que evidencié el karma con mis propios ojos no tiene desperdicio!

¡CHISME, CHISME!

Mi profesora de infantil era una diva increíble, todos los días se traía un modelito distinto. Le encantaba el maquillaje. Siempre traía el labio delineado y el pelo rizado, con bien de espuma y le gustaba cambiar de color de vez en cuando. Era una mezcla entre cariñosa y super gritona. Cuando estaba de buenas era la mejor, pero cuando se enfadaba en el colegio había una broma entre profesores que decía que sus gritos se escuchaban a través del pasillo. Y yo me lo creo, porque retumbaban hasta las paredes. También tenía mucho sentido del humor, quizás algo bruto para que niños de nuestra edad lo pillásemos. Recuerdo una vez que le regalamos unas flores que habíamos recogido de los jardines del colegio en el recreo y nos contestó que «las flores *pa'l* cementerio *pa* cuando esté muerta». JAJAJA. O sea, #AMO ¿Se puede ser más bestia? Qué maravilla. Bueno a lo que vamos, en su clase evidencié el efecto del karma por primera vez. Y cuando te digo *evidencié* quiero decir que lo vivíamos en nuestras carnes porque ella tenía la filosofía de que, si haces daño a otro compañero, él te lo va a hacer a ti, a ver si te gusta, y así reflexionas si está bien hacérselo a los demás... Vamos, empatía directa y sin rodeos. Recuerdo una vez que un compañero me mordió el brazo y yo fui llorando a decírselo a ella... Churri, cuando yo me veo minutos más tarde con el brazo de mi compañero extendido frente a mi cara mientras él lloraba y mi profesora me decía: «¡Muérdeselo, venga, muérdeselo!». Casi me da algo. Y yo miraba aquel brazo y pensaba, ¿en serio? ¡Pero si en el futuro seré vegetariano! Pues sí... ¡en serio! Y cual caníbal, mordí aquel brazo con todas las ganas del mundo. Qué brutalidad, pero a la vez, ¡qué efectivo! Porque en aquella clase cesaron las agresiones físicas en un momento. No creo que fuese lo más pedagógico, pero no te lo voy a negar, ese mordisco me supo a gloria.

Lo que vivíamos en esta clase era claramente un karma de tipo directo, pero existen dos tipos de karma:

* **Karma directo:** Este tipo de karma es pura lógica, si me das un puñetazo no esperes un besito, probablemente te lleves la misma respuesta. Es una causa que provoca efectos instantáneos claramente correlacionados. Este es el karma que vemos de forma genérica, con el que le decimos a nuestra amiga «jódete, karma» cuando acaba de hacer algo travieso y el destino le da una lección instantánea. Es fácil de entender y de ver, aunque a veces no se da tal cual esperamos porque la vida no es una línea sucesiva de acontecimientos, sino una red perpendicular de causas, condiciones y ciclo kármico.

* **Karma indirecto:** Este tipo de karma, es aún más interesante y profundo y en el que reside la clave de muchas de las cosas

que nos pasan. El karma indirecto es ese que creamos de forma más sutil, muchas veces sin necesidad de palabras o acciones, solamente con nuestros pensamientos y energía, y son sus efectos los que definen nuestra aura. Como te contaba anteriormente, este karma es el que se cultiva en el corazón y funciona como motor para que automáticamente broten de nosotros acciones puras de karma directo con gran impacto en El Todo. Desear que le vayan bien las cosas a alguien, pedirle a dios ayuda para los más desfavorecidos o llorar de alegría por el bien ajeno son ejemplos de cultivo de karma indirecto.

El karma, tanto directo como indirecto, puede ser positivo o negativo y atraerá en consecuencia efectos que nos acerquen o nos alejen de la paz. Si en lugar de conectar con el amor y el altruismo ejercemos nuestra magia desde el interés y el ego, por muy bonita que parezca la magia, esos serán los resultados que atraeremos. Por eso tener una minuciosa vigilancia en que nuestras intenciones sean puras y abundantes es tan importante, porque muchas veces las emociones dañinas y carentes se esconden sutiles en nuestro subconsciente.

¿Cuántas veces hemos escuchado decir *Tiene un aura hermosa* o *Me atrae su aura* o quizás lo contrario *Su aura me da mal rollo*? El aura es algo que desprendemos muchas veces sin necesidad de haber abierto la boca. A veces es una proyección de los demás hacia nosotros, pero otras muchas provienen evidentemente de nosotros mismos. El aura tiene más que ver con el silencio que con la palabra, es, en conclusión, la energía que desprendemos.

Cuando nuestros pensamientos se direccionan virtuosamente, nuestro ser se conecta con nuestra naturaleza y nuestra aura se limpia. Nuestro Ego disminuye y nuestra energía se expande. La carencia desaparece y la abundancia llega.

Esta energía se palpa desde fuera dado que se vierte en El Todo. Es así como creamos los efectos del karma indirecto, mucho más sutiles, pero mucho más trascendentales y capaces de alcanzar límites insospechados: *Todo el mundo quiere a esta persona...*, *Tiene muchísima suerte...*

> *La vida le sonríe y es cierto, pero en realidad fue él quien decidió sonreír primero a la vida.*

Tras el famoso retiro de iniciación y la catarsis que había experimentado, al volver a la vida común, al trabajo y a los estudios, recuerdo estar en la barra de *ballet* comenzando los pliés cuando se acercó mi maestra y me preguntó: «¿Qué has hecho?». Yo la miré, no sabía a qué se refería, y entonces me añadió: «Estás radiante...». Me quedé impresionado de que hubiese notado un cambio en mí sin tan siquiera cruzar palabra, pero supe que me estaba diciendo la verdad, porque yo mismo me sentía radiante. Mantuve de forma rigurosa mis prácticas espirituales para mejorar mi relación con mi día a día. Pero aun dedicándome al cultivo del espíritu asiduamente, mis costumbres y la tendencia ambiciosa de llegar lo antes posible al resultado final seguían latentes. Incluso cuando meditaba, me sentaba en la postura más perfecta del loto (siempre bella nunca *in-bella*) pero me frustraba y enfadaba conmigo mismo cada vez que había pensamientos intrusivos (los pensamientos que interrumpen tu meditación). El Ego se enfadaba cada vez que no era el ser espiritual que se suponía que debía ser. Me costó darme cuenta de ello, pero nunca es tarde para una revelación.

Me di cuenta de que seguía presionando al universo respaldado por una causa noble. Tan solo quiero iluminarme, me decía. ¿Qué puede haber de malo en obsesionarse con una causa noble? No hay nada de malo, dado que el bien y el mal no existen como tal, pero estaba creando un karma indirecto poco efectivo y contraproducente. Era como querer colgar un cuadro y usar la mano para clavar el clavo, quizás lo consigas, pero no solo habrás tardado más, sino que sufrirás durante el proceso.

Aunque propiciaba las causas correctas para alcanzar el resultado deseado (meditar y practicar para encontrar claridad), las condiciones que generaba no me ayudaban: presionarme, frustrarme y castigarme para motivarme. Por lo tanto, el karma directo estaba ahí (la práctica), pero el karma indirecto que generaba era muy negativo. Mientras mi mente se acostumbraba a trabajar a base de látigo y maltrato, provocaba un aura de carencia y mal humor que todo mi entorno y hasta yo mismo comenzábamos a percibir. El proceso cada vez pesaba más porque lo estaba convirtiendo en una experiencia negativa por muy noble que fuese el objetivo.

> *Las reglas del juego que nunca nos enseñaron dicen que la clave para alcanzar el éxito no está en enfocarnos en* cuando *llegaremos, sino en* cómo *existimos mientras él llega a nosotros. Y entonces entiendes que siempre ha estado aquí.*

Mientras empujamos ese carro que carga los frutos que deseamos plantar en el lugar idóneo, vamos sembrando a nuestro paso otros que, al brotar, pueden ser bellas flores que endulzan el camino con su aroma y atraen las maravillas que hacen de nuestro trayecto una experiencia hermosa… o zarzas que hieren nuestros pies hasta que nos sea imposible seguir empujando el carro.

Ya sé que todos queremos ser una *bad bitch.* Creemos que ir por la vida arrasando con lo que se ponga en nuestro camino sin importarnos nada ni nadie es la mejor actitud para alcanzar logros. Nos lo ponen en series y películas, y nos gustan esos personajes porque, sinceramente, estamos tan cansados que nos apetecería mandar un poquito a tomar por saco a más de uno. Al menos vivirlo a través de la pantalla nos alivia. Pero *sorry*, en la realidad eso no nos va a llevar más lejos de nuestra casa donde, con suerte, nos soportan porque la que lidia con nosotros es nuestra madre, y bendita paciencia la de algunas.

Ser gentil contigo es el primer paso para que las cosas pesen menos; obrar virtuosamente es el primer paso para que la satisfacción comience a llegar a nuestra vida, el resto es karma.

Cuando era pequeño se burlaban de mi pelo largo, pero a mí me encantaba. Me llamaban niña para molestarme y yo nunca me quejé, tan solo acabé cortándomelo porque empezó a causarme complejo. Mi madre intentaba explicar mil veces que era un niño con pelo largo y que el pelo simplemente crece, ¡a niñas y a niños! No es que a los niños solo les crezca hasta las orejas y si va más allá se te duplican los estrógenos. Las palabras no sirvieron de mucho y cortármelo fue lo único que acabó con el acoso. Sufrí mucho en silencio y aunque quería, nunca fui capaz de alzar mi voz para darles su merecido karma directo y ponerles en su lugar. A día de hoy, no quiero ser yo quien lo diga, pero lo voy a decir, la gran mayoría de los compañeros que se burlaban de mi pelo largo en aquel entonces, están calvos. ¡QUE NO ME ALEGRO DE ELLO! Vivan los calvos, los calvos son *hot,* pero ahora entiendo ese dicho que dice que el tiempo pone cada cosa en su lugar. Ese tiempo no deja de ser otra cosa que karma, así que mejor asegurarnos que nuestro lugar es un lugar bonito.

La verdadera bad bitch *no es la que reacciona como un perro rabioso, sino como una fuente de sabiduría inmutable ante los desafíos, que devuelve luz a la oscuridad mientras deja que el universo haga el resto.*

PLANTANDO SEMILLAS

Vamos a poner a prueba pequeñas acciones para ver sus grandes resultados de forma directa.

* Conecta emocionalmente con alguien durante el día y regálale una simple sonrisa. Puede ser alguien familiar o un completo desconocido. Observa la causa y efecto. (Sin expectativas, solo observa la ley y diviértete poniéndola a prueba).

* Lleva un café o *muffin* o cualquier detalle a alguien que te apetezca sorprender.

* Da un abrazo inesperadamente a alguien. Siente que transmites los mejores deseos mientras lo haces. Aprende a abrazar, da importancia y valor emocional virtuoso a tus gestos y acciones, pero no seas *creepy*... JAJA.

Mantente vigilante y observa los resultados, no solo los directos. Presta atención en cómo fluye la semilla plantada y si da más brotes en el futuro de forma indirecta... Tanto externa como internamente.

Como te comenté, una vez leí que entre los residuos plástico del polo norte habían encontrado un envoltorio de un helado que solo se vende en Australia. Todo cuanto haces aquí, tiene un efecto que alcanza los confines del espacio. Un simple gesto de amor puede parecer solo eso, pero es en realidad el origen de la paz mundial.

* Intenta reconocer algún efecto directo o indirecto que haya tenido una acción o pensamiento en tu vida.

* Piensa una situación de la que seas capaz de formar toda la red kármica que pudo influir para que pasara lo que pasó. Empiezo yo:

Hace tres años, durante la pandemia, decidí contar historias y crear cositas para entretener y hacer reír a mi familia en un tiempo de incertidumbre y

miedo. Comencé haciendo vídeos porque no podía visitarles para leerles algo o cantarles una canción. La intención siempre fue sacarles una sonrisa o emocionarles. Tres años después mis vídeos habrían llegado a todas partes del planeta y miles de personas se han tomado su tiempo para devolver un mensaje de amor por haberles sacado una sonrisa.

EL MIEDO, MI PEOR AMIGO

Sonreír al miedo para expandir la energía

Querido diario, todos los obstáculos que se interponen en nuestro camino provienen de un mismo origen: **el miedo.** Sí, somos unos caguetas y lo hacemos por gusto. De una manera u otra, cualquier sensación o reacción negativa que tenemos frente a la vida está ligada al miedo. Controla el teléfono de su pareja por «falta de confianza», pero esa desconfianza en realidad es miedo al engaño. Tiene nervios de esa entrevista de trabajo porque «le ilusiona», pero esos nervios que provocan un tembleque de piernas verdaderamente es miedo de no ser escogido. Le gusta ese estilo de ropa, pero no se siente del todo seguro para ponérsela, no por simple inseguridad, sino porque tiene miedo de que le juzguen por ello. A todos nos ha pasado dado que es humano que, por cierto, rima con ano.

El miedo es nuestro amigo más tóxico, sí, más que esa amiga que se enfada porque la dejas en visto. Y digo amigo porque lo tenemos siempre muy cerquita, le hemos permitido entrar en nuestra casa, en nuestra mente, en nuestra relación con nuestro cuerpo, en nuestra relación con nuestros sueños... Le hemos contado absolutamente todos nuestros secretos, nos hemos acostumbrado a compartir con él las partes más íntimas y sensibles de nosotros. Solo nos falta hacerle la cucharita y casarnos con él. Estamos más acostumbrados a relacionarnos con el miedo que con el amor cuando, en realidad, lo natural es relacionarnos con el amor. Pero no te culpes, es normal que te pase cuando has crecido con el miedo como herramienta de aprendizaje. *Si no te portas bien no habrá regalos de Navidad; si no estudias no lograrás nada en la vida; para ir al cielo tienes que tapar tu cuerpo...* ¿Te suena?

El miedo, al causar una reacción instantánea en un individuo que se ve amenazado, es una herramienta eficaz para controlar. Lo hemos visto en política cuando en lugar de dialogar con la sociedad lo que se quiere es manejarla. Hitler utilizó el miedo para crear una amenaza de los que eran distintos, generando una sensación de identidad en los amenazados al crear un enemigo común haciéndoles capaces de desear su exterminio, y justificarlo. Este es el potencial del miedo, peligroso y autodestructivo. ¡Y nosotros lo invitamos a nuestra vida!

El miedo nubla la realidad que nos rodea. Una realidad en la que el universo nos ofrece toda su energía para que encontremos abundancia y disfrutemos de la vida. La relación con nuestro bendito cuerpo que nos permite experimentar sensorialmente la pura existencia a través de los sentidos, la relación con nuestros hermanos y hermanas humanos y con otros seres que nos rodean, la aventura de la vida, los retos profesionales o de crecimiento personal, ¡el chocolate! No sé, ¡tantas cosas maravillosas!... Nada de esto debería causarnos estrés. Nada de esto debería ser razón para temer. Todo ello son experiencias milagrosas que tenemos el honor de transitar. **Perseguir el éxito del tipo que sea en cualquier ámbito de tu vida no debería suponer una pesadilla, al fin y al cabo, estás yendo a por el éxito, no a por la ruina.** Sin embargo, la tendencia es sentir que va a ser duro, que todo irá en tu contra y que debes ser fuerte para estar preparado. ¿Por qué? Todas estas experiencias enriquecen nuestra vida, son la prueba evidente de que el universo nos pone infinidad de posibilidades delante para magnificar nuestra experiencia y conectar con la abundancia (y no con la carencia) que nos permitirá expandirnos para atraer aún más maravillas.

La verdad es que somos un poquito masoquistas, bueno no, masoquistas no porque a los masoquistas les mola lo duro, nosotros nos damos duro, pero no nos mola tanto. Nos encanta transportarnos al futuro para predeterminar cómo serán las situaciones antes de haberlas vivido y generalmente imaginamos lo peor. Y encima creemos que nos estamos haciendo un favor para que en caso de que sea así, estar preparados.

Tenemos esta tendencia de creer que debemos prepararnos para el peor resultado y así evitar decepciones, cuando deberíamos hacer lo contrario dado que atraemos lo que somos y somos lo que pensamos.

Somos energía, todo cuanto sentimos, pensamos o hacemos genera efectos energéticos a nuestro alrededor. Es como echar pintura en el agua, según el color así será la mancha. El color depende de la emoción con la que conectemos. Si conectamos con el miedo, esparciremos una mancha negra que oscurecerá el resto de colores. Si conectamos con emociones virtuosas y en consecuencia con lo único que es real, el amor, crearemos un arcoíris luminoso de posibilidades en nuestro camino.

Lo que sabemos de la neurología cuando tenemos miedo es que está basado principalmente en la ignorancia. Hay una gran diferencia entre miedo y peligro.

El **peligro** es el hecho real que amenaza tu integridad.

El **miedo** es la emoción que puede, o no, girar en torno a un peligro.

Los peligros existen y el no controlar lo que sucede a nuestro alrededor todo el tiempo nos asusta, pero eso no significa que todo lo que tenemos alrededor sea realmente un peligro. Si tuviéramos una visión completa cada vez que tenemos miedo, probablemente podríamos descartar la mayoría de situaciones como peligro, pero como no es así, ese desconocimiento nos pone en alerta creando una amenaza de algo que no lo es.

Vivir con miedo duele, ya lo sé. Pero podemos erradicarlo y para ello debemos empezar siendo conscientes de nuestro miedo. Somos vulnerables y por eso tenemos miedo de ser heridos. Dejamos de hacer cosas para no resultar heridos porque sabemos que somos vulnerables. Dejamos de tener pareja, de buscar amigos, de probar cosas nuevas por miedo a ser heridos. Cuantas veces no habremos oído de amigos o familia decir «Hazte a la idea de que no va a salir bien para evitar lamentos, y si sale bien ya celebramos». Una vez más, es el miedo el que te está dando ese consejo. Plantar esa pequeña semilla en forma de idea es suficiente para afectar a tu realidad, así funcionan las leyes de la energía y de la mente.

Desprendernos del miedo no solo nos permite estar en paz. También hace que los efectos de nuestras acciones se multipliquen dado que, al soltar el miedo soltamos una barrera que nos cierra al universo. Nos quitamos por fin esa coraza que creemos necesaria para defendernos de cuanto nos rodea. Ahora podemos expandir nuestro pecho que vivía oprimido, de una bocanada de aire con la que entra toda la energía abundante del universo. **Libre de temor nuestro corazón puede emanar esa energía atrayente que el miedo impedía...**

... y así es como comienza uno a ver amigos donde solo existían amenazas.

El día que entendí que no necesitaba tener miedo de que alguien en mi entorno profesional, en el estudio o en una audición fuese mejor que yo, me permití valorar mucho más los talentos de compañeros a los que solía envidiar. Con el tiempo, la envidia pasó a ser admiración y lo bonito de la admiración es que puedes aprender de ella. De la envidia no, porque al ser un sentimiento que proviene del miedo, te cierra completamente, comprime tu energía, tensa tus receptores. Así, no solo volví a disfrutar de las clases y las audiciones, también aprendí más rápido al estar más relajado y a gusto y, además, forjé amistad con la gente que anteriormente no deseaba ni cruzarme porque suponían una constante competición, no contra ellos, aunque eso creyese, sino conmigo mismo.

Hay oportunidades para todos, hay dinero y recursos para todos, el miedo nos ha llevado a creer que debemos agarrar lo que podemos antes de que nos lo quiten y así, nos contagiamos unos a otros esta energía carente que nos hace vivir con la sensación, muchas veces falsa, de que nos va a faltar. Y curiosamente lo que provocamos es lo que intentamos evitar, porque todo se aleja de algo que solo tira y no da.

Afortunadamente, el miedo es una ilusión y por lo tanto es tan fácil de disipar como conectar con lo que sí es real: el amor.

Al amar, el abanico de emociones virtuosas que forman nuestra naturaleza se expande como un efecto dominó. Es increíble ponerlo a prueba y empezar a darte cuenta de cómo se ve afectado todo tu entorno por este sentimiento de bondad. Empezar a ver cómo nacen sonrisas donde antes existían caras largas. Empezar a notar cómo la energía que pesaba ahora es ligera y brillante. Empezar a recibir gestos de amor que jamás habrías imaginado. Empezar a darte cuenta de que:

Tú elegiste ser la estrella luminosa que alumbró en donde había oscuridad y gracias a ello, ahora se ha encendido un cielo entero lleno de constelaciones.

Existe una práctica, privada y de compromiso personal, a la que se recomienda dedicar tiempo y amor, pero que devolverá beneficios trascendentales. Una técnica tremendamente útil para combatir el miedo es reconocerlo cuando lo sentimos. Recuerda que todo lo que no es amor es miedo, aún camuflado bajo otras etiquetas como «inseguridad», «ansiedad», «inquietud»... Al reconocer que tenemos miedo ante una situación que nos causa nerviosismo o distrés, ya estamos separando al miedo de la amenaza, ese es el primer paso. A continuación, prestamos atención a cómo se somatiza en nuestro cuerpo físicamente. ¿Sentimos tensión muscular? ¿Se nos revuelve el estómago? ¿Nos sudan o tiemblan las manos? ¿Nos cuesta respirar? ¿Nuestra postura corporal se empequeñece o tratamos de forzarnos para camuflarlo aparentando más esbeltos? Ahora, tras haber reconocido cómo nos afecta físicamente pasamos a prestar atención al plano emocional: ¿cómo me siento? ¿Cómo se comporta mi mente ante esto? ¿Qué tipo de pensamientos me bombardean? Finalmente, y tras haber reconocido nuestro miedo, abrimos la conciencia hacia otras personas que sufren miedo. Imagina situaciones que conoces o que puedes imaginar que se dan en el mundo donde otros sufren miedo. Pregúntate: ¿qué necesitan recibir para calmar o aliviar sus miedos? Y trata de enviarles energéticamente eso que crees que podría ayudarles a disipar esa emoción. De esta manera no solo entrenamos la empatía y la compasión, sino que convertimos nuestra experiencia opresora del miedo en una fuente de abundancia para aportar al mundo. También practicamos emociones de confort obtenidas a través de estudiar nuestra propia experiencia del miedo, para aliviarlo, que irán dejando una huella en nuestro continuo mental para que cada vez tenga más fuerza a la hora de lidiar con él.

Reconocer y afrontar nuestro miedo, para acompañar y cuidar a otros, desarrolla la postura y energía idónea que cuidará de nosotros mismos.

Si tanto hemos invitado al miedo a dar su opinión en nuestra vida, es hora de que nos sentemos a hablar con él, aunque es probable que tras hacerlo lo empecemos a invitar a que se vaya un ratito a tomar viento. ¿De qué tienes miedo?

* Reconoce tu vulnerabilidad: reflexiona e identifica algunos retos que te de miedo afrontar. Analiza, ¿qué es verdadero peligro? ¿Cuánto de la experiencia está sujeta al miedo que proviene de ti?

* Piensa en ese reto que te da tanto miedo. ¿Qué es lo peor que puede pasar? ¿Cuáles son las probabilidades de que suceda?

* Imagina a alguien externo que tiene el mismo miedo que tú a enfrentarse a ese reto que te aterra. ¿Qué le dirías para que tenga la valentía de enfrentarse a ello y disfrutar del devenir del proceso? Envíaselo mentalmente.

* Reflexiona por unos minutos. Cuando no conoces a un grupo de personas desconfías; te da miedo lo que piensen de ti, te da miedo que te hagan daño, pero si se convierten en tus amigos ya no te da miedo. El amor disipa el miedo. A medida que vamos amando nos permitimos conocer y de esta manera se va ampliando el espacio en el que dejamos de temer, esto aplica en todos los ámbitos de nuestra vida. Visualízalo con distintos escenarios.

* En el momento presente no hay temor. El temor proviene del futuro. Haz la prueba. Vuelve al presente. Haz la respiración con la cuenta de 10 y concéntrate en el aquí y ahora. ¿Tienes miedo? Pon a prueba este ejercicio en cualquier situación para identificar cómo el fruto del miedo proviene de nuestra mente.

EL PODER DEL AMOR... ¡QUÉ CURSI, DIOS!

El amor, lo único que es real

Querido diario, yo nunca he sido una persona pastelosa, y con pasteloso me refiero a que me dan arcadas las comedias románticas y las canciones de amor. Dramático, profundo y sensible sí, todo lo que tú quieras, pero pasteloso no. Aunque nunca lo he juzgado, todo lo contrario, siempre me gustó la gente pastelosa. Esa amiga que viene genuinamente feliz de verte con una sonrisa y siente la necesidad de abrazarte y de darte mil besos y hasta te agarra de la mano para ir por la calle. Me encanta, y lo aprecio muchísimo. Quizás porque yo era incapaz de hacerlo con tanta naturalidad. Por eso, hablar del amor, hacer una oda al amor y babear por el amor nunca fue lo mío. En ese sentido yo siempre he sido más pesimista, más de hacer una oda a «esta mierda de mundo» o simplemente quejarme de todo y quedarme tan a gusto. Y oye, a veces hay que hacerlo. Pero qué quieres que te diga, el amor es lo más bonito que hay y ahora por fin entiendo lo bello que es reclamarlo y valorarlo conscientemente.

El amor es una emoción altruista. No se puede sentir amor con intenciones egocentristas. Por eso tantas madres que se dejan el cuerpo y el alma en criar a una bolita apestosa que no devuelve más que buches de vómitos a cambio de tanto cuidado siempre me han parecido un referente tan evidente de amor altruista. Esa entrega tan dedicada a propiciar el bienestar de otro ser tan indefenso me inspira. Le pregunté a mi mamá ayer que qué significa para ella ser madre y si le ha valido la pena, y se me puso profunda, cito sus palabras:

«Ser madre es darse, entregarse, es amor incondicional a todas horas todos los días. Se sacan fuerzas de donde sea. No todas las mujeres pueden ni tienen la capacidad, condición, circunstancias o recursos necesarios para ser madres. Muchas hacen un sobreesfuerzo, otras no tienen que hacerlo tanto, otras lo desean y nunca logran ser madres, otras lo son y no quieren serlo. En mi caso recibí la maternidad de forma feliz, descubrí lo que es y lo volvería a hacer, pero reconozco que es duro ya que a partir de ahí pones en el mundo otras vidas de personitas y no puedes controlar que todo lo que les sucede o decidan sea bueno. Se sufre por los hijos porque sientes miedo de que les ocurra algo malo y te alegras y eres feliz cuando les va bien. Tus preocupaciones y alegrías ya no son solo las tuyas, sino también las de tus hijos porque un bebé nace totalmente dependiente y es el deber de quien lo tiene cuidarlo, amarlo y permitirle su desarrollo propio de forma integral. La vida te enseña luego que con el tiempo van adquiriendo su autonomía y voz propia y vas asimilando lo que va llegando desde un rol más de acompañante. Para mí ha sido entender lo que es el amor verdadero».

La relación madre-hijo puede ser un ejemplo extremo del significado del amor, al suponer un vínculo tan fuerte (quiero decir, hasta salimos de su toto) entre un ser completamente dependiente y otro responsable. Aunque en su mayoría las relaciones que desarrollamos en el mundo no son tan extremas, reconocer la naturaleza altruista del amor que reside en esta relación nos sirve para transportarlo al resto de situaciones de nuestra vida. Pero entonces, ¿qué es el amor?

A ver, todos sabemos lo que es el amor, ¿no? O al menos sabemos cómo se ve el amor desde fuera. Besitos y abracitos por aquí y por allá, caricias y babitas por todos lados, regalar flores, tener detalles y llorar cuando nos despedimos. Todos sabemos lo que es el amor, todos lo hemos sentido de alguna manera, incluso cuando lo rechazamos públicamente porque nos da vergüenza que nos vean siendo amados. Lo codiciamos en nuestra vida. Tenemos entendido socialmente que el amor es un pilar fundamental en la vida de cualquier humano o que sin él no vale la pena nada, pero ¿realmente somos conscientes de que amamos?

Yo también sabía lo que era el amor... o eso daba por hecho. Tengo una familia que me ama, amigos, profesores que se convirtieron en mentores, mis mascotas... Muchos seres a los que sé que amo, pero ¿por qué sé que los amo? ¿Qué es el amor exactamente? ¿Cuál es la sensación que tenemos hacia esas personas si pudiésemos describirlo con palabras?

El amor es el anhelo y el gozo de que otro ser sea feliz y exista en bienestar.

Es esa sensación desinteresada por ver e incluso propiciar que alguien esté bien. El amor es mirar a otro ser y embriagarte de felicidad si también es feliz. El amor es el deseo de cuidarte y cuidarle, es el deseo de la ecuanimidad y la paz para todos los seres. El amor es medicina que sana cualquier emoción dañina y no tiene condiciones. El amor es la base de nuestra existencia, sin amor, ningún bebé podría llegar a la edad de independencia. Los humanos no somos como esos cervatillos recién nacidos que ya son capaces de ponerse en pie y moverse de forma autónoma. Nosotros, humanos, somos frágiles e indefensos y **la semilla del amor es la condición primera por la que hoy estamos aquí, por mucho que el tiempo, o las circunstancias (el ruido) hayan desvirtuado nuestra percepción de ello.**

Es importante entender qué es el amor dado que tiene un hermano gemelo que, aunque se parece a él, tiene intenciones opuestas: **el apego.**

El apego es la necesidad de que otro ser nos haga feliz y nos aporte bienestar.

Nos apegamos a casi todo en la vida, nos encanta. Cuando hay amor, es común que también aparezca el apego, el problema de no identificarlo es que el apego puede ir comiéndose el terreno del amor. Sentir amor es nuestra naturaleza, por lo tanto, si nuestra mente está orientada en la única dirección correcta, sentiremos amor con facilidad, pero dado que nos criamos promoviendo valores alejados de lo natural e incentivando el miedo y la carencia a pesar de la abundancia que nos rodea, es fácil dejar que el apego haga de las suyas, y sus efectos son totalmente contrarios a los que genera el amor.

Diferencia entre el efecto que provoca el amor y el apego:

* El amor es el deseo de hacer feliz a alguien. El enfoque está en beneficiar a otro desde uno mismo, lo cual te conecta con tu abundancia y genera no solo un estado de bienestar al sentirte completo, sino mucha atracción por lo abundante de tu energía.

* El apego es la necesidad de que alguien te haga feliz. El enfoque está en beneficiarse uno mismo a partir de otro y lo que genera es el efecto contrario al deseado, una energía de carencia que tirará demasiado de la energía externa y provocará que las cosas se alejen dado que no es un intercambio compensado.

El apego no siempre es evidente, y claro, muchas veces es sutil e identificarlo o diferenciarlo del amor puede resultar complejo. Podemos sentirnos atraídos hacia las facultades o características de alguien por los beneficios que aportan a nuestras vidas, quizás sin ser conscientes de que valoramos a esa persona más por una carencia nuestra que por el propio amor hacia ellas. No debemos condenar esas uniones que nos ayudan en nuestro día a día, es un acto instintivo, pero sí debemos analizar por qué si todas las noches dormimos abrazados a alguien y paseamos de la mano por la calle, seguimos sintiendo una carencia afectiva. La pregunta es: mientras lo hacemos, **¿dónde está nuestro enfoque?**

¿Nos regocijamos al ver que el ser que amamos está en paz? ¿Disfrutamos durante el paseo sujetando su mano, por ejemplo, al usar el pulgar para acariciar y sentir el tacto de su piel? ¿Realmente aprovechamos el amor que sentimos para disfrutarlo conscientemente? ¿O simplemente sabemos que está ahí, pero estamos muy ocupados para dedicar nuestros pensamientos a esto? Parece que muchas veces esperamos a que llegue el funeral para poder expresar cuánto amábamos a alguien, algo o a nosotros mismos. Muchas veces esto nos sucede porque nuestro enfoque está en cosas que simplemente alimentan nuestro Ego, y así dejamos de ser conscientes del amor que podemos dar (y en consecuencia sentir) para estar únicamente pendientes de las cosas que podemos agarrar para saciar nuestras carencias.

Amar es tan natural como tragar al beber agua, pero al igual que no puedes beber agua sin tragar, no puedes amar sin estar en momento presente. ¿Sabemos disfrutar del amor que tenemos en la vida?

Amar es una acción que se da en momento presente, únicamente en momento presente.

El día que entendí el poder que reside en el amor fue el día en que mi vida empezó a cambiar. Y cuando te hablo de poder te estoy hablando de esa magia, a lo Harry Potter. Si te gusta la magia, escucha atentamente porque el amor es esa fuente de energía que te da la vida para poder usarla, y sus resultados son tanto inmediatos como transformadores.

El amor es lo único que es real, porque da sentido a la vida. Es la fuerza que mueve el universo. Solo en presente puede existir el amor y el presente es lo único que es real. Algo hecho sin amor, no es más que tiempo muerto, y por lo tanto una ilusión. Vivir en una ilusión nos lleva a sentirnos vacíos. Al practicar el amor, practicas la abundancia, y al conectar con esa energía, eso será lo que percibirás y en consecuencia recibirás. **Amar es nuestra naturaleza. Pero debido al sistema político y socioeconómico en el que vivimos, debemos aprender a reconectar con ella, debemos reaprender a amar.**

Vivimos en un mundo donde amar se ha convertido en un reto. **No solo hemos sido educados en el miedo, sino que además estamos demasiado ocupados persiguiendo objetivos futuros y carencias imaginarias como para centrarnos en el presente por unos míseros instantes.** La importancia de nuestro tiempo recae en los bienes materiales, en los placeres, en la reputación y en la obtención de metas. Todo esto son propósitos que se han colado en nuestra mente para mantenernos corriendo con el enfoque hacia delante y nunca hacia dentro. Pero imagínate por un momento un mundo idílico, donde no tienes que sacrificarte luchando por el derecho de dormir bajo techo o perder el sueño por el temor de no poder poner un plato sobre la mesa para ti o tus seres queridos. Ya, sería increíble, ¿verdad? En este mundo idílico la vida trata de vivir sin ambiciones extremas, pero sin necesidades primarias. Imagínate la sensación de vivir así. ¿Crees que te sería más fácil transitar al estado de amor de forma natural? Se suele decir que somos más crueles con nuestros seres queridos que con los desconocidos, y es cierto. En ellos depositamos muchas veces el peso de las frustraciones y luchas que tienen nuestros corazones cansados y confundidos. La preocupación de cargar tantos deberes y la insatisfacción de sentir que nunca terminamos de llegar nos irrita. Este mundo idílico que planteo puede parecer una utopía a día de hoy porque no se ha desarrollado aún una manera de llevarlo a cabo (aunque las utopías solo lo son hasta que se hacen realidad y gracias a ellas hemos conseguido cosas inimaginables hace milenios, no olvidemos que los milagros son posibles solo si crees en ellos). Pero más allá de la capacidad que tengamos o no de hacer esta utopía realidad en un futuro cercano, es una idea que nos sirve para darnos cuenta de que el estrés y las responsabilidades por cubrir las necesidades básicas suponen un gran bache para conectar con el amor de la forma natural que nos corresponde. Al no vivir en esa utopía, nuestra labor es aprender a conectar con nuestra naturaleza de amor ahora, rodeados de todos los retos que el frenetismo de esta vida nos presenta.

Tras regresar del retiro a mi vida en la ciudad, con el tiempo pude ver claramente que estos eran los mayores retos que enfrentamos en el día a día de la vida convencional. Aquellos retos a los que se refirió el monje cuando me dijo que su práctica se veía intensificada fuera del monasterio: reeducar el miedo, reconectar con el amor y entender las leyes que rigen la energía del universo para iluminar nuestro camino.

El amor reside en el presente y solo volviendo a él podrás unificarte con tu verdadera existencia y disfrutar de existir. No hay propósito más hermoso (y beneficioso) que aprender a conectar con el amor en cada acción que desenvuelves.

PLANTANDO SEMILLAS

Vamos a reconectar conscientemente con nuestra naturaleza de amar. Vamos a poner en marcha la maquinaria que nos devuelve a lo único que es real y será la fuente de esa energía insaciable que necesitamos para crear la vida que merecemos, cargada de maravillas y bellezas. Para hacerlo hay que volver al único momento que es real, al presente, donde podemos conectar con el amor, y nos enfocaremos en apreciar y amar varios focos a nuestro alrededor para empezar a abrir una perspectiva general del amor en nuestra vida. Empezaremos, cómo no, con nosotros mismos porque si no te amas a ti mismo, ¿cómo vas a amar al mundo que te rodea?

Amor propio:

* **El abrazo consciente:** abrázate ahora mismo, apretuja tus brazos, amasa tus músculos, masajéate, estírate bien largo y siente el amor que le das a tu cuerpo. Con cada gesto repite en voz alta: «Amo mi cuerpito».

* **La media sonrisa:** pon una media sonrisa en tu expresión, una sonrisa suave que manda un estímulo al cerebro diciendo que todo está bien. Respira bien hondo. Disfrútalo. Observa a tu alrededor y repite en voz alta: «Amo estar aquí repleto de posibilidades sensibles, amo el cielo, amo el sol, amo mis cortinas (por muy feas que sean, sonríe a eso también), amo tener esta mantita que me permite estar calentito en invierno, amo tener un día nuevo por delante...». Atrae el sentimiento a tu corazón, siente esa fortuna y ama realmente estas posibilidades frente a ti.

Amor al mundo:

* **Amor al prójimo:** al cruzarte con gente por la calle mentalmente repite afirmaciones de amor de cosas que amas de otros y se consciente de ello, convierte en un hábito hacer esto al cruzarte con individuos, resalta rasgos y cualidades que te gustan: amo tu pelo, eres mi hermano y te amo, amo tus uñas, te amo, amo tus labios...

* **Deseos de amor:** alégrate mentalmente por los gozos y disfrutes que ves en otros en el día a día. Si ves a alguien disfrutar de la comida, piensa en lo que te alegras de que pueda hacerlo. Si ves a alguien comprándose ropa, piensa que te alegras de que pueda permitirse darse ese caprichito... Deseo que disfrutes ese plato de comida, deseo que el camino en transporte público te sea leve y agradable, deseo que llegues sana y salva a casa...

SOLTAR PARA DEJAR ENTRAR
Liberando la preocupación

Querido diario, mi crecimiento espiritual va viento en popa aprendiendo conceptos y fundamentos de todo cuanto somos y nos rodea. Entendiendo que la espiritualidad es ese ámbito natural de nuestro ser en el que explorar y observar nuestras emociones. También que formamos parte de un Todo que es amor y que lo que no es amor, como el miedo, es una ilusión y por lo tanto no es real, y mientras vivamos sumidos en ilusiones, nuestra vida se sentirá vacía. Y además que tengo a mi alcance herramientas como la ley de causa y efecto o karma para atraer la vida que deseo. Pero, me he dado cuenta de que, aparte de mantenerme despierto y plenamente consciente en el presente, también tengo que ir a trabajar, preparar audiciones, seguir estudiando y ensayando, aprender una *skincare routine,* ¡ah, y otra para el pelo!, reuniones, hacer la compra, mantener mis uñas arregladas, intentar camuflar mis ojeras, ir al teatro y al museo para ser culta, socializar, darme el tinte y, en definitiva, abarcar doscientas mil cosas sin olvidar añadir las nuevas prácticas espirituales para no volver a abandonarme como ya me pasó. ¿CÓMO DIABLOS HAGO TODO ESO SIN PERDER LA CABEZA?

Bueno queride, hemos llegado al capítulo ideal para ser una chica práctica, no una chica explotada. Hay muchas condiciones que nos rodean, pero no todas dependen de nosotros, y lo cierto es que de esas no debemos ni preocuparnos; las únicas que nos interesan son las que sí están en nuestro poder. Para embarcar nuestro camino y alcanzar nuestras metas sin desquiciarnos en el intento no es tan importante luchar como respirar. Y no me refiero a fumarte ese cigarro para calmar la ansiedad en modo automático como una aspiradora que poco falta para succionarlo. Me refiero a respirar por respirar, profunda y pausadamente.

Una vez leí una frase que decía «Abrimos el horno continuamente para asegurar que el bizcocho se está haciendo y es precisamente esto lo que impide que el horno haga su trabajo y lo cocine correctamente». Lo mismo pasa con el universo, no confiamos en que el universo va a trabajar en nuestro favor y que, una vez siembras los frutos, debes **soltar** la responsabilidad del resultado. Tensamos así nuestra energía ante la vida y por lo tanto la vida es tensa ante nosotros. Y cuando tensamos las cosas, es imposible que puedan fluir.

> *Si la cuerda de una guitarra se tensa demasiado, al intentar hacerla vibrar probablemente se parta.*

Podemos adoptar dos modos para alcanzar nuestras metas, pero mientras uno es contraproducente, el otro multiplica el efecto generado:

* **El modo tiesa:** se da cuando la postura al afrontar nuestros retos es rígida, intentando agarrar todos los hilos para que los resultados sean exactamente como queremos. Creemos que poner nuestra máxima energía y atención al servicio de nuestros propósitos nos ayudará a alcanzarlos antes, tratamos de mantener todo bajo control, pero lo único que conseguiremos es estar más tiesos que una escoba y llenar nuestra vida de ansiedad, estrés, angustia y, en consecuencia, de lo que más nos gusta (ironía): una carencia que reprime nuestra energía. Al sembrar esta energía carente, tan solo atraeremos más de lo mismo y no actuará en favor de nuestro cometido, sino que nos sentiremos aún más desbordados.

* **El modo creador:** por el contrario, si dejamos de ser tan cabezotas y nos centramos en ejecutar únicamente lo que está

> en nuestra mano, confiando en que el universo se va a encargar del resto (como ha hecho siempre), somos capaces de soltar y, por consecuencia, de expandirnos. Así dejamos de reprimir nuestro potencial y la energía que desprenderemos ya no será de carencia, sino de abundancia al no estar haciéndolo solos, y esta misma energía cargada de milagros nos será devuelta.

La postura creadora nos permite conectar con el presente (lo único que es real) al soltar las preocupaciones del futuro dejándolo en manos del universo. Así, tu acción en el presente es capaz de conectar con el amor y triplicar esa energía abundante capaz de atraer una cantidad de resultados maravillosos e inesperados en el camino.

Y así puedes respirar hondo, y entonces puedes empezar a irradiar una energía que alcanzará distancias insospechadas y los resultados que esperas se multiplicarán y llegarán mucho antes, porque ya no estás cerrándote al universo, ahora le permites entrar.

Como bailarín aprendes a controlar múltiples partes de tu cuerpo simultáneamente y entrenas día tras día para ser capaz de ejecutar los complicados movimientos a la perfección y con soltura. Cuando eres principiante aplicas mucha energía y tensión para asegurarte de que todo está en su lugar y poder así ejecutar esa triple pirueta en eje, y aunque seas capaz de lograrlo, no solo es tremendamente agotador, sino que el movimiento es correcto pero rígido, como las matemáticas. Sin embargo, cuando sueltas todas esas presiones y confías en que el trabajo diario forma parte de ti, de repente descubres que tu cuerpo tiene muchas más herramientas para alcanzar esa triple pirueta, y la clave para acceder a ellas no está tanto en sujetar, sino en soltar. Al hacerlo estás más receptivo en momento presente (menos en tu cabeza) generando así más condiciones que apoyan tu propósito. De repente te das cuenta de que mientras bailas entra en juego el uso de la gravedad para tu manejo de los pesos, el *momentum,* la relajación muscular necesaria para cada movimiento, permitiendo que tu danza sea más fluida. Entra en juego el sentimiento al liberar la mente de la ansiedad preocupada por la colocación perfecta, has dejado entrar, en resumidas cuentas, al universo. Y ahora puedes conectar con la música que será lo que, sumado a todo lo anterior, expanda la energía tocando corazones, convirtiendo lo que era una simple ejecución física, en danza, en arte.

Soltar es dejar ir. Es permitir que se vayan esos pesos de la vida que estamos cargando sin realmente poder hacer nada de provecho con ellos. Y digo permitir porque generalmente, no son estos pesos los que se pegan a nosotros y no nos dejan en paz, somos más bien nosotros los que decidimos pegarnos a ellos. Hay dos tipos de pesos que cargamos, los del pasado y los del futuro.

* **Pesos del pasado:** yo intentaba siempre ser tan correcto que cuando me arrepentía de haber hecho o dicho algo me pasaba días machacándome por ello. «Es que hay que ser idiota para decir eso», «A quién se le ocurre»... Así lo único que conseguía era atraer al presente un yo del pasado que ni siquiera existía en este momento y generando un futuro que tampoco me convenía a partir de esta energía que arrastraba. Como dice la filósofa, antropóloga y reina de las caderas Shakira: lo hecho está hecho, y aunque queramos cambiar cosas del pasado, solo podemos actuar en presente.

> *La única manera de rectificar algo que hicimos en el pasado no es metiendo el dedo en la herida para recordar cuánto nos dolió hacérnosla, sino curarla, poner una venda y dejarla sanar por sí misma.*

* **Pesos del futuro:** «Tengo demasiadas cosas que hacer», «No tengo tiempo para nada», «Esto tiene que funcionar». Como

decíamos al principio de este capítulo, no todas las condiciones que nos rodean dependen de nosotros, solo las que sí lo hacen merecen de nuestra dedicación. De nada sirve infectar el presente, ya cargado de deberes y obligaciones, con las frustraciones de un futuro ilusorio. Encárgate de lo que te puedes encargar aquí y ahora, y suelta lo demás. Mejorar nuestra energía mientras nos centramos en lo que realmente depende de nosotros nos ayudará a liberar de cargas el proceso, y obtener mejores resultados de forma sana. Estos pesos que nos atan al pasado o al futuro tienen un antídoto efectivo que está curiosamente ante nosotros en todo momento diciéndonos «¡Oye! ¡Hazme caso que estoy aquí delante para ayudarte a cargar con todo eso que no te hace falta!», esa voz es el presente.

Así que, no os afanéis por el día de mañana, porque el día de mañana traerá su propio afán. Mateo 6:34.

En uno de los retiros que hice, pasé una temporada en un monasterio en Inglaterra, ya sabes que aparte de diva también he sido medio monja. Para poder atender a las prácticas de meditación, las enseñanzas y hospedarme en el monasterio, a cambio hacíamos voluntariado cubriendo las distintas necesidades del recinto y del grupo. Ayudábamos a cocinar, fregábamos los platos, servíamos a visitantes vendiendo los productos artesanales y ecológicos que creábamos en los pequeños negocios. Y a mí el tiempo que pasaba haciendo estas labores me daba mucha pereza. Yo tenía claro que, lo importante, para lo que yo había venido, eran las prácticas espirituales y centrarme en mi aprendizaje, no en servir cafés o fregar platos. Solo quería que llegasen esos momentos espirituales y lo demás me pesaba demasiado, hasta el punto en el que dividí mi existencia en dos planos:

* El plano en el que estaba en consonancia con lo que quería hacer, donde valía la pena estar, y sonreír. En este caso, durante las meditaciones y enseñanzas.

* El plano en tiempo muerto, donde entraba en modo automático y desarrollaba las labores que tenía que hacer (limpiar, cocinar...) a disgusto hasta volver a estar donde quería.

Un día, escuché una enseñanza de Thich Nhat Hanh que hablaba sobre «fregar los platos para fregar los platos». Otra revelación para la colección. En ella explicaba que, si tu enfoque al lavar los platos está en terminar para pasar a la siguiente tarea, lavar los platos siempre será insoportable. Sin embargo, si lavas los platos para lavar los platos, serás capaz de entrar en sintonía con el único lugar con el que se puede entrar en sintonía: el lugar en el que estás, el presente, donde se pueden crear las maravillas del futuro al soltar todo lo que nos apega a él.

No se trata de encontrar una pasión en cualquier cosa (aunque sería hermoso que nos lo propusiéramos) se trata más bien de saber que hasta cuándo te tienes que mover en una situación fuera de nuestro control, tienes el poder de encontrar el regocijo del amor que reside en el universo. En cualquier momento, ese es tu potencial. Cuando empecé a verlo así, fui capaz de **soltar** la frustración que me provocaba no estar donde quería estar, y las labores de voluntariado se transformaron completamente. Aunque seguían siendo las mismas, más bien yo me había transformado ante ellas, lo que provocó unos resultados inesperados. Comencé a hacer muchísimos amigos desde que mi energía cambió, los clientes me agradecían el trato y me preguntaban por mi nombre para dejar buenas *reviews* y, en general, mi tiempo en el monasterio dejó de dividirse en dos planos. Ahora yo existía en la totalidad de mi existencia y eso permitía que fuese visto y apreciado sin que mi intención fuera la de ser visto y apreciado, sino la de amar cada momento. Y así, **usando el amor** una vez más como herramienta, **aprendí a soltar** cargas que no me tocaba portar y a confiar en que el universo se encargaría de que mis propósitos fluyesen si dejaba ir estas preocupaciones.

Una vez has realizado el trabajo, la acción, dado el paso, iniciado el camino..., ¿de qué sirve tratar de controlar o estar en tensión hasta que llegue el efecto deseado? Me encantaría decir que de nada, pero lo peor es que mientras hacemos esto, no solo perdemos tiempo en un prolongado (y voluntario) sufrimiento, sino que nos impedimos seguir creando efectos favorecedores en nuestro entorno dado que nuestro propio estado mental no es virtuoso, y a su vez impregnará las nuevas causas y condiciones que generes. Vamos, que mejor relajar el culo al hacer lo que tenemos que hacer porque teniéndolo apretado no favorecemos nada, más bien nos salen almorranas.

Y los resultados triplicaron mi expectativa cuando, con el corazón desinteresado, la expectativa que pertenece al mundo inexistente del futuro y no del presente, se desvaneció.

PLANTANDO SEMILLAS

Piensa en algún proceso en el que te estés entregando ahora mismo y del cual esperas que broten unos frutos. ¿Empleas tu energía puramente en generar los frutos o también en preocuparte de que los frutos no vayan a llegar? ¿Crees que esto favorece en algo al proceso? ¿Cuánta energía y atención estás poniendo en disfrutar del proceso? ¿Crees que esas preocupaciones son precisamente lo que te impide que el proceso sea una experiencia bonita? ¿Preocuparte por ellas va a cambiar algo? Vamos a soltarlas precisamente para que nuestra energía aquí y ahora sí que cambie las cosas.

* ¿Te preocupa algo que no dependa de ti? Que te den una nota injusta, que no haya compradores, que te estafen... Analiza de qué preocupaciones te puedes encargar y de cuales no, déjalas ir tras exhalar una bocanada de aire profunda. Fuera, fuera, se las dejamos al universo, nosotros nos quedamos con las que podemos tratar.

* Si el objetivo de tu proyecto es un abundante éxito, ¿cuánta energía abundante estamos vertiendo en El Todo? Piensa en la energía que emanamos en este proceso y si no es virtuosa y beneficiosa, suéltala con una exhalación, y recarga tu proyecto con la adecuada. Una energía de seguridad, de firmeza y templanza, de abundancia y presente.

* ¿Has pensado en la posibilidad de pasártelo bien incluso «fracasando», y las puertas que esto también podría abrir? ¿Podríamos considerarlo fracaso entonces? Soltamos la idea que tenemos del fracaso, que simplemente es un resultado distinto al que tenemos en mente, y nos abrirnos a las mil y una posibilidades que el camino nos traiga. Cualquier posibilidad es éxito porque es presente. Generamos esa energía abundante.

A partir de este momento te enfocarás en las cosas que dependen de ti, y únicamente de ti en relación con tus proyectos, tanto de forma práctica

como mental (amar el proceso, generar una energía abundante y atrayente, disciplinarte) y con el resto, en lugar de obsesionarte, lo entregarás al universo. Aquí una lista de mantras para hacerlo:

* Querido Universo, te entrego el peso de mis temores para quedar yo liviano.
* Querido Universo, en tus brazos pongo el destino de los frutos que he plantado.
* Querido Universo, que sea lo que tenga que ser, que yo ya hice lo que tenía que hacer.
* Querido Universo, suelto así en tus manos el destino de las semillas que planté.
* Querido Universo, suelto así lo que no me corresponde, pues me enfoco en lo que sí.

Personaliza las frases según tus condiciones para sentir de verdad el efecto al Soltar.

LOS MILAGROS: EL UNIVERSO CONCEDE TODOS TUS DESEOS

Condiciones, la clave del éxito

Querido diario, es increíble cómo pueden cambiar las cosas en la vida de la noche a la mañana. ¡De repente no paran de lloverme milagros, chica! Parece que la vida se ha enamorado de mí y por fin le caigo algo mejor. La magia de los conceptos que ahora definen mi día a día han comenzado a provocar la atracción de todo cuanto soñé. No me puedo creer que esto sea real. Ahora por fin puedo ver con claridad que el universo es amor. El universo quiere darte una caricia y un besito con lengua, cogerte de la mano y decirte «no te preocupes, que lo hacemos juntos». Y nosotras, que somos tan desquiciadas, llevamos todo este tiempo oponiendo resistencia e impidiendo que haga su parte. Pero ¿cómo es posible que funcione así el universo? ¿Por qué está a nuestra disposición tan amorosamente?

El universo está aquí para ayudarte a atraer todo cuanto deseas. Las leyes que lo definen están dispuestas a tu favor. Están dispuestas a favor de la creación con la ley de karma, y a favor de la expansión, con estos dos principios entrelazados que lo fundamentan: **las causas** y **las condiciones.** La ley de causa y efecto y la ley de causa y condición están íntimamente entrelazadas, sin embargo, no son lo mismo y entender la segunda nos abrirá la conciencia a una nueva dimensión en la que podemos aprender cómo caminar hacia nuestros objetivos.

Anteriormente hemos conocido la **ley de causa y efecto (karma)**, que podríamos decir nos da una lectura de la vida en dos dimensiones, como una línea recta donde lo que acontece va provocando o dejando resultados y efectos a su paso, que generan otros resultados y efectos y así sucesivamente. Ahora añadiremos a nuestra concepción la **ley de causa y condición.** Al complementar con esta nueva ley pasamos de percibir la realidad en dos dimensiones y la ampliamos a una dimensión perceptiva mayor.

Imagina que la línea recta de causa y efecto está envuelta en una red de condiciones que afecta e impregna todo cuanto es. Todos esos resultados y efectos son los que son porque ciertas causas se juntaron y, tras darse unas condiciones idóneas, se produjo un resultado, y no otro. Por ejemplo, si un hombre y una mujer se unen físicamente pueden ser las causas de un bebé, si las condiciones son propicias para ello. Sin embargo, y aunque las causas estén ahí, no necesariamente un hombre y una mujer tienen que generar un bebé, aunque se junten: han decidido que no quieren ser padres, utilizan métodos anticonceptivos... Las causas potenciales existen, mientras que las condiciones definen el resultado. Por lo tanto:

* **Causas:** son las sustancias originarias de un suceso, 1 + 1= 2. Que también pueden ser 0,5 + 1,5 = 2, o incluso 0,25 + 0,75 – 0,50 + 2 – 0,50 – 1 – 1 +2 = 2. Hay muchos caminos para lo que parece un mismo destino, por eso nunca debes compararte con los demás porque las condiciones dispuestas pueden ser distintas.

* **Condiciones:** conjunto de factores necesarios para que un resultado concreto y no otro suceda a partir de sus causas. 1 + 1 = 2 porque es 1 + 1 y no 1 – 1, que sería 0. Las causas necesarias pueden estar ahí para que 2 suceda, pero la condición para que esos números den ese resultado tiene que ser + y no –.

Entendiendo esta nueva dimensión es que nos damos cuenta de que las cosas no son simplemente «Pasó esto porque hizo esto» sino «Pasó esto porque hizo esto, e hizo esto porque A, B, C, D...», y así hasta Z y más allá. Hay una infinidad de condiciones que moldean e influyen todo cuanto acontece.

El cosmos se compone de causas condicionadas que provocan resultados que serán causas de otros resultados, pero también condiciones de otras causas.

Por ejemplo, para que una flor florezca nos hace falta de una semilla, que caiga en terreno favorable, que pueda ser alcanzada por la luz solar y también recibir agua de gotitas de lluvia provenientes de, a lo mejor, alguna nube. La **causa** de esta flor será la semilla que ha caído en el lugar idóneo donde ha podido recibir las **condiciones** exactas para su florecimiento. Sin embargo, si esta cadena se hubiese roto en algún punto, no hubiese sido un resultado insignificante, dado que otras causas y condiciones desencadenantes hubiesen continuado su destino. Por ejemplo, si algún pájaro hubiese cogido la semilla para alimentarse, esta semilla no habría sido la causa de una flor, pero sí de que el pájaro pueda tener energía para calentar los huevos que está incubando. Todo son causas y condiciones, tú gastándote los ahorros antes de llegar a fin de mes y entrando en pánico también son causas y condiciones, guapi, que a mí también me pasa. Y nada es mejor o peor porque nada es en vano, todo cumple una función, lo importante es conocer la regla para usarla en predisposición de la dirección deseada.

Todo cuanto nos rodea es energía, el universo es energía y la energía, como la ciencia ha demostrado, ni se crea ni se destruye, sino que se transforma constantemente. No hay nada que pueda convertirse en algo ni algo que pueda pasar a ser nada. Todo forma parte del todo eternamente sea, o no, perceptible por nuestros sentidos.

Cuando nos proponemos metas, lo que hacemos instintivamente es generar causas que nos lleven hasta ellas. Lo que pasamos por alto es que **enfocarnos en generar las causas que nos acercan a esos sueños es tan importante como propiciar las condiciones idóneas.** Aunque no todas las condiciones estén bajo nuestro control, pero como ya aprendimos en el capítulo de Soltar, no debemos preocuparnos porque solo convertiremos esa falta de control en frustración. Como ya sabemos, es mejor centrarnos en las condiciones que sí podemos controlar o incluso generar y utilizar nuestra energía creadora para propulsar nuestro poder. Ante las condiciones desfavorables y fuera de nuestro control que nos rodean, **¿qué condiciones sí podemos crear que nos favorezcan?** Esto es una pregunta clave para cambiar el enfoque y dejar de ser el mártir de tu vida para retomar el timón y ponerte al mando.

> *Un capitán no siempre puede elegir el mar que le toca surcar, pero sí las mejores estrategias para hacerlo con éxito.*

Si quieres ser poeta, es evidente que la causa que te va a llevar a cumplir tu objetivo es escribir poesía, pero facilitarás y acelerarás el proceso si añades condiciones como leer a otros maestros poetas, tomar un curso o enfrentar el progreso con amor. Si por el contrario te limitas solamente a probar a escribir poesía sin referentes ni ampliar tus horizontes, el proceso será más tedioso. Y si ya encima añades condiciones negativas invitando al miedo y te castigas o criticas comparándote con los demás, acabarás aborreciendo tu meta y abandonándola con, además, la autoestima por el suelo para volver a enfrentar nuevos propósitos.

Al entrar en esta nueva dimensión cognitiva, pasamos a percibir todo cuanto sucede a nuestro alrededor de una forma mucho más profunda y, sobre todo, menos dependiente del destino caprichoso, o quizás podríamos decir, más dependiente de un destino que realmente podemos crear. La famosa injusticia que facilita el camino de unos y entorpece el de otros es real, son esas condiciones que nos rodean las que la forman, y yo sería el último en negarla pues he sido el primero en sufrirla. Pero la capacidad de generar abundancia, paz y prosperidad en nuestra vida es igual de real, y es aquí donde nuestro enfoque debe estar para asegurarnos de que nos acercamos a la felicidad.

Yo a veces hablo con el universo, casi todos los días, de hecho. Tras tantos años sin hacerlo, desde que perdí la costumbre de niño, por fin he retomado el hábito y ¿sabes qué? No me corto ni un pelo. Me lo paso genial contándole todos mis dramas y las estrategias que estoy usando para atravesarlos con la virtud más admirable. También le desafío *pa* que vaya preparando todas las cosas bonitas que me va a traer la vida de cada reto, porque sé que mi compromiso es profundo del corazón y que conozco el funcionamiento de sus leyes. Y la verdad es muy útil desahogarse psicológicamente con el universo, que no te de pena largarle toda tu vida. Al final es como una madre que está ahí para proveernos de cuanto necesitamos y acompañarnos hasta en nuestros momentos más bajos. Es la causa de la que la vida suceda y existamos, como una madre. Personifica al universo y habla con él, reflexiona en voz alta para encontrar respuestas a muchas inquietudes, sí, como si estuvieses loca de la cabeza hablando sola, pero sin estarlo, o bueno, igual un poco sí, pero ¡qué más da! Hablar al universo es usar una herramienta para reconectar con lo que existe y de lo que te has desvinculado inconscientemente, y de esta forma nos es más evidente recordar cómo su poder nos acompaña, cómo en ninguna ocasión estamos abandonados, sino interconectados con la totalidad de lo que nos rodea.

El universo está diciéndote «respira hondo y déjame entrar», así que respira hondo, y al exhalar, confía y suelta en sus manos todo lo que no sea el amor que te rodea aquí y ahora.

Todo está entrelazado y por fin estamos poniendo los engranajes juntos para que la maquinaria funcione correctamente. Al conocer las leyes que conforman el universo **(causa y condición)**, y la ley que rige su movimiento **(causa y efecto o karma)** podemos confiarle los frutos de nuestras acciones **(soltar)** al universo y continuar el trayecto en **presente**, conectando con el **amor** y disipando así el **miedo**, atrayendo un sinfín de **milagros** que nos sorprenderán en el camino. Esta es la clave del éxito, el secreto de la vida, los ingredientes del elixir de la felicidad para transitar el camino con sensatez y paso firme, con templanza y una media sonrisa.

PLANTANDO SEMILLAS

Si te paras a pensar y a analizar, puedes identificar las causas que provocan todos los eventos a nuestro alrededor. Y de esta forma vas a descubrir el poder que tienes de detener, alterar o perpetuar su curso.

Por ejemplo, podemos observar que la causa para que estés aquí en este cuerpo fue la unión entre un espermatozoide y un óvulo. Pero también hubo infinidad de condiciones que permitieron que esta unión se diera (que tus padres se conocieran, se enamorasen, tuvieran sexo... ay, perdón por generarte esa imagen) y, en general, para que el florecimiento de esa semilla que se ha convertido en la flor que eres, se diera. Todas las veces que te alimentaron y te protegieron al cruzar la calle, las enseñanzas de vida que te han ayudado a sobrevivir y tantas otras...

A continuación mira a tu alrededor y de la misma manera trata de observar las causas y condiciones que provocan los sucesos que te rodean.

* Empieza con las cosas más pequeñas, piensa en tus muebles o tus plantas, ¿cuál es la causa de que tu mesa esté en tu salón y cuántas condiciones han influido para que llegue hasta aquí? Luego puedes ir subiendo la escala, piensa en tus familiares: «mi madre es el fruto de la unión de mis abuelos, tiene este carácter porque x experiencias moldearon su personalidad, esa cicatriz se debe a esto, ha llegado hasta aquí tras superar esto, lo otro y lo otro, quizás con otras condiciones, los resultados habrían sido otros. ¿Hay algo que hubiese podido cambiar el rumbo de las cosas?». Puedes pasar horas tratando de imaginar la cantidad de causas y condiciones que forman cada elemento que te rodea. Sé consciente de ello y juega a esto todo cuanto quieras, úsalo para integrar esa nueva dimensión perceptiva en tu día a día.

* ¿Eres capaz de imaginar qué pasaría si intervinieses creando causas y condiciones en distintas situaciones? Si le tiras un vaso de agua fría en la cara a un desconocido o a un familiar, ¿tendrían la misma reacción? ¿Reconoces las condiciones que influyen a que la misma causa tenga un resultado distinto? Ponlo a prueba. (No le tires un

vaso de agua a nadie, busca una forma más agradable de llevarlo a cabo).

* Descubre el poder que manejas y prueba a jugar esta semana a investigar cómo instaurar ciertas condiciones puede generar un desenlace totalmente inesperado en una situación. Durante una discusión, haz una broma o expresa amor en lugar de responder con más violencia, prueba a estar poco receptivo y decir *no* a todas las propuestas que te hagan a ver qué reacción generas, al día siguiente prueba lo contrario. Sorpréndete rompiendo el ciclo «lógico» que conocemos, y descubre así que eres dueño de tu destino.

HECHICERO DE MIS SUEÑOS, BRUJA DE MIS EMOCIONES

Los rituales

Querido diario, hoy tuve que ir al médico y perdí algunas clases por la mañana, pero nada más terminé, corrí a la escuela de artes para incorporarme a lo que fuese que estaban haciendo mis compañeros. Al abrir la puerta me quedé en *shock*. Me encuentro a mis compañeros, unos rodando por el suelo, otros con los ojos cerrados en un banco, una estaba apoyada en la pared como un zombi moribundo de *The Walking Dead* y todos haciendo unos ruidos extraños, algunos zumban, otros gritan, otros tienen espasmos... Parece que se han vuelto locos o que los ha poseído algún demonio. Lo más fuerte de todo esto es que yo también he hecho esta clase mil veces, pero como hoy vengo de fuera, al abrir la puerta y visualizar la escena desde el exterior, parece esto un manicomio. La clase en cuestión era una clase de proyección vocal, en la que exploramos distintas maneras de hacer resonar nuestra voz en nuestro cuerpo y a través del espacio. Todo lo que estaba pasando tenía un sentido, pero si no entiendes los motivos que hay detrás, puede que desde fuera parezca algún tipo de ritual... aunque bueno, ¿no es acaso un ritual?

Hacer caca es un ritual. No te rías, es enserio. Tenemos nuestra secuencia personalizada para realizar el acto a nuestra manera y de la forma que nos resulta más eficaz: nos bajamos el pantalón, nos sentamos en el trono real, según que cultura se hace en cuclillas, otros no pegan el culo a la tapa, algunos concentran su atención en degustar el proceso, otros se abstraen con el teléfono o el periódico, unos relajan, otros aprietan y finalmente cogemos papel o toallitas o un bidet y hacemos lo que todos sabemos, que no voy a describir, de la manera que más funciona para cada uno de nosotros. Cada uno tiene su «ritual caquil» adaptado a sus preferencias. Cada uno sabe cómo sacar el máximo potencial de su orto. Perdón, la verdad podría haber usado un ejemplo menos escatológico, como irte a dormir o tomar el café de la merienda. Pero bueno, lo hecho, hecho está. Todo esto son pequeños rituales, y ahora que tenemos el conocimiento profundo de la conciencia, y que estamos ya prácticamente titulados como seres espirituales, es hora de usarlo para crear rituales que nos conviertan en la hechicera de la vida que queremos vivir.

Un ritual es una secuencia de actividades, costumbres o actos que implica gestos, palabras acciones u objetos con el objetivo de explorar y elevar los efectos del cometido al que va dedicado.

Muchos te verán desde fuera y pensarán que estás *crazy,* como yo cuando vi a mis compañeros, pero tú sabes por qué haces lo que haces. El Ego quiere que la gente crea que eres normal, pero *sorry*, mi amor, no lo eres, y tampoco quieres parecerlo, porque eres excepcional.

No tiene nada de malo reclamar nuestros ritos en favor del amor, la atención plena, la gratitud, la compasión..., todo lo contrario. Un ritual es simplemente un gesto elevado que demuestra una práctica y entrega consciente a crear un mundo mejor, y a entrenarnos en trabajar nuestros valores y principios hacia la virtud.

Todo cuanto sirve para reforzar nuestra capacidad virtuosa es bienvenido, y será bien recibido por nuestro corazón y por el universo.

Tenemos pequeños ritos para casarnos, divorciarnos, hacer deporte, hacer la compra, limpiar la casa... ¿Cómo nos puede extrañar tenerlos para entrenar nuestra capacidad última de amar? Ciertas prácticas cotidianas de nuestro día pueden ser elevadas y convertidas en un pequeño ritual que multiplican su función de forma metafísica, pasando de ser una simple acción rutinaria, a todo un evento mágico que traerá efectos transformadores.

Por ejemplo, lavarte la cara por las mañanas. Yo solía levantarme y lavarme la cara rápidamente antes de bajar a desayunar y me afeitaba solamente cuando tenía algo importante que hacer porque mi barba crece todos los días. Así que en lugar de afeitarme o arreglarme la barba cada día, me esperaba a que hubiese un motivo para hacerlo. Un día decidí convertir esto en mi primer ritual de la mañana. Compré unas toallas específicas para secarme la cara. Bonitas y suaves. También un jabón ecológico para la cara que olía genial. Cuando me miro al espejo me sonrío y me doy los buenos días. Luego abro el agua y la toco con los dedos en lo que se pone tibia, muy atento de cómo cambia, mientras agradezco al universo poder tener acceso al agua. A continuación, me lavo la cara y la seco con mi toalla VIP. Luego me afeito o me arreglo la barba, sin prisas, con cariño y vigilancia... Todas las mañanas, sin excepción, sin que dependa de si tengo algo importante que hacer. Finalmente, me lavo otra vez y me aplico un *aftershave* fresquito. Ya estoy listo para empezar el día. Esta tontería cambió totalmente mi vida. No solo me resultaba más fácil madrugar porque disfrutaba al lavarme la cara, también me veía muchísimo más rejuvenecido y sano, y me lo decían. ¿Estaba más sano o rejuvenecido por lavarme la cara con cariño? Pues no lo sé, pero estaba más feliz, y eso se notaba.

Un ritual aprovecha lo físico: gesto, voz, espacio y símbolo, para hacer transformaciones mentales.

Podemos elegir qué acciones de nuestra vida queremos convertir en un ritual. **Estos son los tres elementos cruciales para crear un ritual:**

* **La motivación:** buscamos una motivación clara para comenzar el ritual. Algo que nos eleve como ser humano. «Quiero conectar con mi bondad» o «quiero ofrecer todo lo que soy». Si, por ejemplo, te preparas para disfrutar de la merienda, tu motivación puede ser «Quiero ofrecer a mi cuerpo un momento de cariño y cuidado». Cuando haces la cama, «Quiero valorar este espacio en el que descanso». Mantén la motivación presente durante la duración del ritual.

* **La ofrenda:** ofrece algo durante tu ritual. Cuando yo termino de afeitarme, me aseguro de limpiar todo para que otro pueda disfrutar del baño en condiciones idóneas. Puedes usar la bolsita del té que te acabas de tomar en la merienda para abonar tus plantitas, o desear que el descanso que te dio tu cama te sirva para servir a otros en el día de hoy.

* **La aspiración:** valora la gratitud de poder realizar este ritual y desea a alguien, o a todos los seres, que puedan alcanzar eso mismo que esperas alcanzar tú con la motivación de este ritual. «Que todos los seres puedan conectar con su bondad» o «que todos los seres puedan ofrecer todo lo que son».

Estos tres pasos son importantes para tener un mini ritual redondo, el mérito generado con una práctica así es inconmensurable, y los efectos se verán reflejados en el universo antes de lo que te imaginas.

Lo bonito de un ritual es darte el espacio y tiempo para desarrollar profundamente todos los efectos que puede alcanzar. Es realmente beneficioso tener uno o dos rituales diarios bien desarrollados, y al menos uno grande semanal. Pero tu propia vida en sí puede ser un ritual, pequeñas acciones espirituales y de elevación energética pueden impregnar tu día a día y convertir tu vida en todo un viaje devoto al desarrollo del espíritu. Expande tu creatividad y explora tu imaginación para generar acciones mágicas que mejoren tu vida: coge incienso o algo que para ti suponga belleza y virtud, y espárcelo por el espacio con la sensación de limpiar y desprender buena energía. Riega las plantas y bebe un vaso de la misma agua con el que las regaste para familiarizarte con que nos hidratamos todos de la misma fuente, ¡desea que todos puedan estar hidratados! Todo esto es puro simbolismo, pero es bienvenido para generar los cambios mentales que buscamos.

Cuida lo que tocas, dale un valor especial al suelo que pisas, escucha lo que piensas.

Un ritual es un canal para establecer comunicación con el universo. Es un espacio seguro en el que se toman las emociones y se alinean correctamente con la energía para entregarlas al cosmos, que de esta forma nos puede devolver multiplicados los efectos a nuestra vida. Cualquier acción se puede convertir en un pequeño ritual con el enfoque correcto, otros merecen de su apropiado *show* y espectáculo para ayudarnos a reforzar el compromiso y convertirnos, por fin, en la bruja que tus vecinas dicen que eres, pero ahora con motivos, en honor al amor.

PLANTANDO SEMILLAS

Un altar es un rincón sagrado dedicado únicamente a desarrollar las facultades virtuosas y generar con ello una carga energética, de concentración y de mérito elevada. En este apartado vamos a aprender a crear nuestro altar y a desarrollar un ritual.

Creación de un altar:

Dedica tiempo y amor a crear tu altar, inspírate con la construcción de una esquina sagrada en la que trabajarás las transformaciones mentales que traerán la magia a tu vida, porque eso es lo que es.

Un altar debe tener representados **los tres fundamentos de lo que somos:**

* CUERPO (estatua): representaremos en nuestro altar el fundamento del cuerpo con una imagen, que puede ser una estatua o una fotografía. Asegúrate de que escoges una representación que evoque neutralidad, templanza, ecuanimidad, amor... La estatua del buda es un buen ejemplo de un símbolo que expresa firmeza y paz, pero encuentra algo que funcione para ti. Este será el símbolo que ocupará el puesto central de tu altar, y debe estar elevado ligeramente, sobre una cajita, por ejemplo. Esta imagen representa la aspiración de ser que pretendemos lograr, y por ello se eleva ante las emociones perturbadoras y las banalidades que nos distraen.

* PALABRA (frase o Sutra): para representar la palabra pondremos en nuestro altar un texto, libro, enseñanza o frase a la izquierda (si miramos la estatua de frente) que nos inspire y nos transmita los valores que aspiramos a cultivar. Algo que pueda leerse y apreciarse al postrarnos frente al altar. Por ejemplo, una frase del Buda, o de Jesús o de Alá que nos inspire, una carta que te escribió tu padre en la que te deseaba amor, un libro que nos trajo paz o que nos regalaron y tiene carga virtuosa...

* **MENTE (vela)**: a la derecha de la estatua, colocaremos una vela, en representación de la mente. No importa el tipo de vela, su color, su olor... Lo importante es que la elijas con la motivación virtuosa y correspondiente de ese espacio sagrado y que la añadas a tu altar con respeto y cariño... Si no tienes vela puedes usar una lamparita, lucecita, linternita que apunte hacia arriba y aporte algo de luminosidad al altar.

A continuación, encontrarás una lista de cosas a tener en cuenta para generar la relación idónea con tu altar y que los efectos de los rituales llevados a cabo tengan aún más impacto a nivel energético:

* Embellece tu altar con telas bonitas, decoraciones y elementos que no te distraigan, pero que eleven su imagen hasta convertirlo en el rincón sagrado que debe ser.

* El altar no es para decorar tu espacio, sino para cultivar la relación con nosotros mismos.

* Mantén tu altar cuidado, libre de polvo y abandono. Recuerda darle el valor que merece, esto provocará que la práctica sea aún más comprometida.

* Para las ofrendas, añade a tu altar al menos dos cuenquitos pequeños de cristal que colocarás frente al altar, justo delante de los tres objetos que simbolizan las tres representaciones (Cuerpo, Palabra y Mente). Mantén los cuencos boca abajo mientras estén vacíos. Junto a ellos añade un objeto capaz de producir sonido (un cuenco tibetano, una campanita, una flauta, un dispositivo Alexa incluso...).

Una vez esté todo listo, aquí tienes las pautas para realizar un ritual en tu altar. Disfrútalo, brujita:

* **Paso 1. Tres reverencias.** Es una manera de mostrar respeto y entrega por la práctica, de demostrar que conoces el compromiso que estás realizando y los beneficios que son alcanzables a través de ella. La magnitud de la reverencia es a tu elección, puedes simplemente bajar la cabeza en forma de saludo y respeto, o arrodillarte y pegar la frente al suelo. Tres reverencias para señalar que ahora ha comenzado el momento de priorizar este ritual.

* **Paso 2. Buscar una motivación.** «Quiero conectar con mi bondad» o «quiero ofrecer todo lo que soy». Elige la motivación a la que va dedicado este ritual. Pero eso sí, debe ser siempre en positivo, nunca «quiero dejar de sentirme pobre», sino «Quiero sentir abundancia». Mantén el enfoque con atención plena a lo largo de todo el ritual.

* **Paso 3. Enciende un incienso.** Visualiza que purificas todo el altar con el incienso mientras repites la motivación. La dinámica kármica provoca que recibas lo que das, así que desea para otros lo que quieres recibir, de verdad, con pura generosidad y desinterés. «Que pueda sentir abundancia y cosechar las causas de abundancia, que puedan todos los seres sentir abundancia y cosechar las causas de abundancia». Trata de visualizar y sentir la motivación con una media sonrisa.

* **Paso 4. Las ofrendas.** Utilizamos los dos cuenquitos transparentes que tenemos para ofrecer agua y arroz (puedes hacerlo solo con agua). Visualizamos que hidratamos al ser bondadoso que mora en nosotros y que lo alimentamos. Mientras hacemos esto, practicamos con atención la concentración en nuestro altar y la virtud que estamos generando, de tratarnos con amor y cariño.

* **Paso 5. Música.** Hacemos sonar el cuenco, la campana o el instrumento que provoque la música. Si usas una Alexa, dile que ponga música de relajación o algo similar, recuerda que estás en mitad de un ritual, no en una rave. Hemos así, regalado un recibimiento hermoso a nuestro ser aspiracional, con bebida, comida y música.

Y eso sería todo. El objetivo de un ritual es dedicar de forma concentrada el enfoque durante el tiempo que lo prolongues, a generar un cúmulo de mérito y energía kármica tremendamente beneficioso. Sirve también para reforzar tu compromiso y entrenar la concentración, la atención plena y la motivación virtuosa.

Consejos a seguir durante el ritual:

* Usa gestos cuidados, trata de hacer el mínimo ruido posible mientras haces las ofrendas o enciendes el incienso. No porque no se deba, sino porque es una buena manera de prestar más atención y cariño a nuestra práctica.

* Pon toda tu atención en el ritual, de lo contrario es una mera *performance*, una pérdida de tiempo. Eso sí, mantén cierta flexibilidad. Recuerda que este es tu espacio seguro, es una rutina en la que debes disfrutar y pasártelo bien, si te dan ganas de ir a hacer pis a la mitad, no tienes que sufrir, puedes ir al baño.

* Lo externo no es lo importante, lo importante es la motivación. De nada sirve hacer las reverencias y ofrendas con la gracia de una *geisha*, si perdemos el enfoque.

* Mantén los cuenquitos vacíos boca abajo, solo dales la vuelta cuando estén llenos. Imagina que tenerlos vacíos boca arriba es una manera de simbolizar que no hay nada que ofrecer. Esto es simplemente para añadir más detalles al respeto alrededor del altar, que mantenga nuestra concentración más alerta, una vigilancia máxima que luego se verá también transportada a nuestros gestos, acciones e intenciones en nuestra vida diaria.

* Retira el agua al final del día. Los monjes se aseguran de hacerlo para que, en caso de fallecer durante la noche, poder liberar a alguien de tener que encargarse de dicha labor al día siguiente, y también para reforzar la idea de no dejes para mañana lo que puedes hacer hoy. El cometido es tener presente la ley de la impermanencia, que veremos más adelante.

* Al retirar el agua, piensa que se trata prácticamente de agua bendecida, que ha sido sometida a un proceso de alta carga energética y virtuosa. No la tires sin más, devuélvela al mundo con amor regando tus plantas, tírala al mar, hay quien se la bebe...

* Si quieres dedicar el ritual a algún familiar o ser conocido, puedes colocar una fotografía. Tan solo asegúrate de hacerlo respetando el nivel elevado de la estatua. Puedes colocarla en un nivel por debajo para que toda la simbología sea clara.

* Recuerda, todo el ritual se elabora con un proceso físico de ofrendas y entrega, pero lo que verdaderamente ofrecemos y entregamos es la mente.

PARTE 3.

LOS MAESTROS

DESTINO: LA FELICIDAD
Los retos del camino

Querido diario, miro a mi alrededor y lo primero que veo es un montón de seres que no conozco y que se pueden parecer más o menos a mí. Más altos, más bajos, más flacos, más gordos, más rubios, más morenos, negros, blancos, tostados, acuáticos, grises y morados. Unos ríen, otros discuten, otros se besan apasionadamente en público, con lengua y todo, otros se pelean y se tiran de los pelos, unos sujetan la puerta, otros roban, allí unos rezan en una esquina, por allá otros hacen grafitis en una pared, unos pasean a sus perros mientras que otros se sientan en el banco a ver el sol ponerse y al final, todos queremos la misma cosa: **ser felices.**

Aparentemente diferentes, naturalmente idénticos.

Todos ansiamos el mismo destino: la felicidad, y cada decisión que tomamos es una apuesta por acercarnos a ella. Nuestro objetivo es el mismo y nuestra naturaleza también. Nacemos siendo bondad y virtud, aunque con los años nuestra ignorancia nos aleja de ello. Y la felicidad es el propósito último que mueve nuestra vida. La buscamos y todos le damos unos significados o interpretaciones distintas, sin darnos cuenta de que en la mayoría de los casos esa búsqueda nos está alejando de ella. *Buscar* la felicidad nos hace creer que debemos encontrarla ahí fuera, porque estamos tan carentes que no parece andar cerca de nosotros. Creemos que ahí fuera encontraremos algo permanente y fijo a lo que agarrarnos y al fin decir «ahora soy feliz», y necesitamos que sea permanente y fijo porque la inestabilidad nos intimida, nos roba la seguridad, nos hace volver a transitar lo desconocido, que tanto nos incomoda... Lamentablemente, cada vez que nos agarramos a alguna de esas cosas externas que creemos que nos harán por fin felices para siempre, se transforman, desaparecen, nos dejan de interesar, nunca perduran en el tiempo... Y entonces sufrimos como locos una vez más, no porque hayamos perdido la felicidad, sino porque rechazamos que la vida es ese continuo vaivén y cambio, y que la felicidad nunca debió haberse depositado en algo externo, sino haber emergido de nuestro interior. Pero nuestro apego (que como bien dice la palabra, proviene del ego) a las cosas, junto con nuestro famoso peor amigo el miedo constante que impregna todas las cosas, y con nuestro hábito de enfoque externo y no interno, nos mantiene lejos de poder conectar realmente con esta felicidad abundante e inmutable que reside en cada situación que abordemos en nuestro presente. Cuando nuestra atención no está en la búsqueda o espera de algo, sino en la realización de algún momento.

La plenitud solo puede surgir en el presente porque es el único momento real.

Si las condiciones que nos rodean fuesen las mismas para todos, todos acabaríamos pensando igual y tendríamos un desarrollo similar. Pero la educación que recibimos no es la misma, ni el amor que recibimos, ni el núcleo familiar, los traumas que experimentamos no son del mismo calibre y nuestro propio carácter, que desarrollamos en parte a partir de esas condiciones que nos rodean, tampoco serán el mismo. Esto hace a las personas actuar de distintas maneras según los mecanismos que hayan desarrollado para alcanzar el objetivo de ser feliz, algunos más acertados que otros. Existen **tres pilares fundamentales para propiciar la felicidad:**

* **La virtud:** la vigilancia de tus acciones y pensamientos destinados a actuar de forma bondadosa y compasiva, plantando semillas de amor, empatía y generosidad. Con ello favoreces una vida de paz, que siempre será una vida feliz.

* **La satisfacción:** construir, dejar una huella o aportar de alguna manera a la sociedad, es un requisito necesario para sentirnos realizados, completos y motivados. Morar en el bienestar no es suficiente para sentirnos satisfechos dado que somos seres creativos.
* **La autenticidad:** es la paz de encontrar bienestar con tu cuerpo, acción y palabra. Existir en consonancia con lo que eres.

Todos estos pilares son parte de nuestra naturaleza y trabajarlos y conectar con ellos genera automáticamente una instantánea sensación de bienestar, un sentimiento de que «ahí sí», de que es lo correcto. Sin ellos nos costará más sentir que somos felices.

Al comenzar a poner en práctica todos los conceptos observados anteriormente en este libro, nutrimos de forma automática estos pilares. Sin embargo, el camino no estará libre de baches y pruebas que desafiarán la práctica, pero, *baby,* que nos caiga lo que sea, que aquí estamos *ready pa* lo que se venga.

Los años siguientes que llegaron a mi vida estuvieron llenos de sorpresas gratificantes. No me podía creer los resultados de todo cuanto puse en práctica. La manera en la que mis relaciones se fortalecieron y sanaron, cómo mi vida empezó a ser más satisfactoria, todas las veces que me sorprendí a mí mismo haciendo cosas que jamás me habría atrevido a hacer unos años atrás, y cuando ya estaba satisfecho con cómo me iban las cosas, ¡comenzaron incluso a llover las oportunidades profesionales como nunca lo habían hecho! ¡Y no tenía ni que ir a buscarlas! Muchas veces eran ellas las que tocaban a mi puerta.

Llegó ese momento en el que miré hacia atrás y no me lo podía creer. Sentía que había descifrado el código para atraer la vida con la que siempre soñé... Pero el Ego, amore..., el Ego no desperdicia ni una oportunidad, y basta con bajar la guardia ante tantos estímulos excitantes para desconectarnos de nosotros mismos de nuevo y dejarle tomar el control. Incluso las cosas increíbles que nos pasan pueden suponer un reto para nuestro enfoque.

Los caramelitos envenenados se mezclan fácilmente entre tantas golosinas de la piñata, y solo estando lo suficientemente despiertos podremos escupirlos antes de que sea demasiado tarde. Durante todo este tiempo, la práctica constante del corazón había provocado que la ola de creación de causas y condiciones virtuosas devolviese mucha belleza a mi camino, pero cuando las experiencias sensoriales empezaron a lloverme (el éxito, el dinero, el trabajo, la fama), inconscientemente me dejé llevar por su atractivo brillo y comenzó a brotar en mí una semilla de ambición que desplegó sus raíces ensartándolas sutilmente en muchos entornos de mi vida. El amor pasó a un segundo plano y el tamaño del cheque robó terreno. El presente perdió presencia, y las puertas que podía abrirme el futuro comenzaron a ocupar su lugar. La autoestima dejó de pertenecerme, y la aprobación externa de tantos opinando era lo único que reafirmaba mi trabajo.

Lo bonito del cultivo del espíritu es que nunca se retrocede, la sabiduría no se desvanece, tan solo nos desconectamos de ella al dejarnos llevar por los incontables estímulos. Y así sucedió. A pesar de tener más que nunca, noté que el vacío había vuelto a crecer dentro de mí, y lo noté cuando dejé de disfrutar nuevamente de todos mis entornos y éxitos. Fue toda una sorpresa, había estado tan absorto con todo lo que me estaba pasando que no me di cuenta de que, aunque seguía practicando mi espiritualidad y tenía buenas intenciones, mi enfoque volvía a estar ahí afuera y no aquí adentro. Pero como nada es en vano, fue así que entendí que los retos seguirán plantándose ante nosotros. No van a desaparecer por mucha sabiduría que cosechemos, y perderse no solo es normal, sino beneficioso, porque ahora puedo volver a la senda correcta sabiendo que encontraré desvíos del camino en los que debemos abrir más los ojos. ¡Y para eso tenemos ya un mapa!

A continuación, este bloque irá dedicado a los seis grandes retos que nos desafiarán en el camino. Iremos descubriendo que no son enemigos, sino maestros dispuestos a elevarnos al siguiente plano de conciencia, ese en el que el Ego se deconstruye y podemos respirar en la continuidad de El Todo.

No debemos intentar no caernos, sino aprender a caer.

Estos seis grandes maestros que nos moldearán a lo largo del trayecto son: la **Culpa, el Perdón, la Aceptación, los Hábitos, el Sufrimiento y la Muerte.**

PLANTANDO SEMILLAS

Nos hemos pasado la vida buscando la felicidad y hemos visto cómo ese concepto ha ido cambiando según cambiamos nosotros, incluso nos hemos dado cuenta de que esas cosas que buscamos para ser felices, en realidad no funcionan como esperamos. Pero seguimos queriendo ser felices. Ahora que sabemos que la felicidad verdadera se encuentra en nosotros mismos, nos toca enfrentarnos a los retos que nos pondrán a prueba.
A continuación, te presento dos posturas para adoptar y comenzar a allanar el terreno para que la felicidad pueda transitar nuestra vida con más facilidad, en cualquier situación que se presente:

Primera postura para la Felicidad: abandonar actitudes negativas.

* Identifica qué actitudes negativas propicias en tu día a día, y cuáles son ya una tendencia de tu personalidad. Presta atención a lo que piensas, dices y haces. ¿Cómo tratamos a alguien que queremos? ¿Y a un desconocido? ¿Tratamos a los desconocidos como nos gustaría que nos trataran? ¿Tratamos peor a nuestros seres queridos que a los desconocidos? ¿Por qué damos por sentado que los tenemos y no los valoramos? Si pensamos que un problema es difícil de resolver, ¿cómo lo gestionamos? ¿Cómo hablas a tus seres queridos cuando estás agobiado? ¿Y a ti mismo? Reflexiona e identifica esas actitudes negativas que crees que deberías trabajar para generar una energía más virtuosa.

Identificar estos procesos no debe hacernos sentir que somos malas personas, todo lo contrario, aceptamos nuestras fallas y nos alegramos de estar trabajando para superarlas y aumentar nuestra felicidad y la de los seres que nos rodean. Además, ¡todos lo hacemos!

* Todas las noches, antes de acostarte busca un momento para hacer un resumen mental de tu día. Recuerda qué hiciste, cómo fueron las interacciones que tuviste hoy y cómo reaccionaste ante los eventos.

¿Cuál era tu actitud antes de aproximarte a ellos? ¿Qué acciones fueron positivas y cuáles negativas? Valóralas todas. No te olvides de reflexionar también sobre los pensamientos que te abordaron y analízalos. ¿En qué áreas concluimos que podemos cambiar? Analiza de dónde vienen esos sentimientos o reacciones, desea haber reaccionado de forma virtuosa, por ejemplo, si sentiste avaricia, cómo podrías aplicar generosidad en la situación la próxima vez, o si te dio envidia, con qué puedes conectar para alegrarte genuinamente por esa persona...

Segunda postura para la Felicidad: cultivar actitudes positivas.

Tras analizar las conductas que queremos erradicar de nuestro hábito, es hora de generar y crear nuevas causas de virtud. ¿Cómo puedo ser más virtuoso con cada acción? Presta atención a cómo puedes tener una actitud de querer ayudar y beneficiar a los demás, o de embellecer tu vida mientras te desarrollas. Podemos conectar con la bondad que nos rodea para sentir la propia vocación de devolverla. Da las gracias constantemente de forma mental a todas las causas y condiciones que permiten que estés aquí. Mientras vamos en el transporte público agradecemos al conductor, a quien ayudó a construir el vehículo, a los pasajeros que se apartaron para que pudieras pasar... Si has criticado a alguien, proponte hablar solo de sus atributos y cualidades, si sientes que abusaste de la confianza de alguien, llévale un detalle... Tratamos de evocar un sentimiento de ternura por todo lo que nos rodea, desde otros humanos hasta insectos. Automáticamente esta postura nos hace aumentar la paciencia, tener más facilidad para el perdón, disminuye el resentimiento, crea interacciones más positivas con los demás y hasta aumenta nuestra autoestima. Desea constantemente desde el corazón el bienestar de otros. No te olvides de darte las gracias y desearte amor y paz a ti mismo.

Este proceso de cambio toma tiempo. No te agobies ni te maltrates por seguir perpetuando ciertas actitudes que quieres cambiar, mantén la constancia y las puertas de la felicidad cada vez estarán más abiertas.

RIÉNDOME DE LA CULPA
Dominando mis traumas

Querido diario, yo de chico me meaba en la cama. Mucho. O sea, no mucho, no creo que te puedas mear más de una vez en una noche (o a lo mejor sí). A parte de mariposón, era meón. ¡Es que lo tenía todo! Era rara la semana en la que no me mease algún día mientras dormía, no te sé explicar por qué, solo sé que tengo grabado en la mente ese momento en el que estás soñando y de repente te empiezas a sentir mojado y te das cuenta de que es una sensación demasiado realista como para ser un simple sueño. Entonces te despiertas y deseas estar equivocado y que solo estés imaginándolo, pero te tocas el pijama, lo notas todo húmedo y sabes que no te has imaginado nada, solo te queda la esperanza de que no haya llegado al colchón o las sábanas para no tener que cambiarlo todo. Pero tocas el colchón y descubres que hay un charco más grande que el lago Titicaca y entonces ya estás jodido y sabes que, o te vas a dormir al sillón, o te toca dormir en el borde de la cama para no rozar la parte húmeda, lo cual va a ser súper incómodo. Me pasaba tantas veces que ya empezó a darme vergüenza ir a despertar a mis padres para que me ayudaran a cambiar las sábanas. Me ponía a llorar cada vez que me hacía pis por la frustración de no haberlo podido contener y tener que molestarles una noche más. Llegué incluso a hacerme pis y no decir nada hasta por la mañana para no despertarles, y dormía toda la noche con mi meado en la cama. Hoy en día, me preguntan muchas veces que cual es mi *skincare routine* porque tengo muy buen cutis y ahora que lo pienso puede que sea de haber dormido restregándome en mi pis tantas noches de mi vida... ¡A lo mejor así empezamos a hacerlo todos y lo normalizamos un poquito!

Esto se convirtió en un trauma que me duró hasta la adolescencia. Odiaba dormir en casas ajenas. Tenía muchísimo miedo de mearles la cama, ¡o peor!, de mear a alguien que estuviese durmiendo a mi lado, aunque alguno de mis compañeros del colegio se lo mereciese.

Y querida, así de fácil y con semejante chorrada, uno es capaz de crear un trauma. Y no te lo digo porque sí, te lo digo porque el miedo a mearme en la cama me persiguió muchísimos años. O sea, traumada viva por hacerme pipí. Si somos tan sensibles como para dejarnos una huella por algo tan inocente e incluso culparnos por ello, imagínate lo profundas que pueden ser las cicatrices con temas más sensibles. Un trauma al final es cualquier experiencia que desborda nuestro sistema nervioso y por ello no es raro que puedan resurgir efectos de esos traumas que tanto nos han marcado.

Los traumas son parte de nuestra vida.
Los tenemos y los podemos abrazar,
pero para dejarlos marchar.

Algunos traumas los provocan situaciones extremadamente desafortunadas que nos ha tocado vivir. Otros porque nuestra percepción o sensibilidad en un momento concreto hizo que algo nos dejara huella aunque no tuviera nada que ver una cosa con la otra. Somos seres complejos que vemos el mundo a través de nuestras propias lentes y a veces hasta un detalle pequeñito puede hacer una rajita en nuestro corazón si toca alguna fibra sensible. Vamos, que aquí, en mayor o menor medida todos somos unos traumaditos, amor, no te preocupes, que si lo sientes así, no estás sola en esto.

El trauma es muy amigo de la culpa, ya sea propia o hacia algo externo que relacionamos con nuestro trauma. Los traumas nos generan frustración porque no poder quitárnoslos de encima con facilidad pesa, y nos agota. Y es esta frustración la que busca culpables a los que responsabilizar para tener un objetivo contra el que descargar la ira y rabia que nos provoca ese trauma. El problema es que esto no nos permite avanzar porque si observamos bien la culpa, descubrimos que no es más que una ilusión.

Tenemos **la Culpa** todo el día en la boca. «Es mi culpa por fiarme», «La culpa es tuya por actuar de esta manera», «por su culpa estoy así». Pero la realidad es que la culpa NO ES REAL. Como ya sabemos, nuestra naturaleza es bondadosa y virtuosa, sin embargo, esto no nos impide poder errar y dañar a otros. Todo cuanto acontece son causas y condiciones, nuestro comportamiento también se ve regido por esta ley y por lo tanto estas causas y condiciones son los verdaderos motivos reales por los que podemos llegar a dañar o a ser dañados.

Somos bondad por naturaleza, no dañinos.

Es difícil abrir la mente a la idea de que alguien que nos ha hecho daño, a simple vista deliberadamente, no tiene la culpa de ello. Y cuanto más grave es la ofensa, más difícil es verlo. Siendo nuestra naturaleza bondadosa, solo al desvirtuarnos de ella por causas y circunstancias de la vida llegamos a dañar a otros. Nos perdemos de nuestro centro y en nuestro afán por querer saciar nuestras carencias buscando fuera, podemos llegar hasta a violar y arrebatar el espacio vital de otros. Por lo tanto, nadie tiene «la culpa» de ser dañino, esto es una forma muy simple de entender la realidad para «desahogarnos», buscando una solución sencilla a un conflicto más profundo.

La culpa es una ilusión porque no está basada en causas y condiciones. Por eso es tan frustrante, porque está vacía de fundamento. Es un simple señalamiento que hacemos en una dirección para volcar toda nuestra frustración y zanjar el tema. Pero nos deja incompletos, sin clausura emocional, lo cual tampoco supone ningún alivio. Solo siguiendo las causas y condiciones se puede desentramar la compleja red que explica la sucesión de acontecimientos, y al observarla nos damos cuenta de que la culpa se disuelve en todas las situaciones. Tan solo es una ilusión, y como cualquier ilusión que no es real, solo nos aleja de lo único que sí lo es: el amor.

No hay culpables, solo causantes de virtud o sufrimiento; y quien genera sufrimiento, no está absuelto de él, sino que es la primera víctima de su propio veneno.

Fíjate lo ilusoria que es la culpa, que la usamos para castigarnos por algo que hicimos en el pasado, aunque ahora mismo sepamos que no lo volveríamos a hacer. ¿Por qué cargar un peso de algo que ya no es real? ¿No tenemos bastante con cargar las bolsas de la compra?

La culpa no es otra cosa que una ira alargada en el tiempo, por eso también se convierte con tanta facilidad en resentimiento, que, como bien dice la propia palabra, no es otra cosa que re-sentir. Revivir una y otra vez ese pensamiento dañino para reiterarnos en ese rechazo hacia algo, y mantenernos así anclados a ello. Qué absurdo, ¿no?

Sentir es humano, por lo que arrepentirnos de algo también. No queremos deshacernos de las emociones, pero ¡cuántas telenovelas nos pueden llegar a dar las emociones! Tampoco queremos acabar desquiciadas gritándole a nadie «¡maldita lisiada!». Afortunadamente hay una emoción antídoto para lidiar con el veneno de la culpa, y en general con la vida: **el humor.**

El humor y el amor están intrínsecamente relacionados dado que tomarse las cosas con humor es tener ganas de sonreír ante la adversidad, y al igual que con el amor, una risa solo se puede disfrutar en el presente. La vida es un disparate, es paradójica, inesperada y muchas veces hasta absurda y sufrir innecesariamente por ello es no entenderla. Aplicar una dosis de humor en las situaciones que más nos desesperan es entender la vida un poquito mejor.

El humor es como el amor, todo lo cura, pero en lugar de con una sonrisa, lo hace con una carcajada.

Hay cosas que duelen, churri, y siempre dolerán. Y hay otras que no tienen por qué. Prueba hasta dónde puedes tratar con humor o al menos con una media sonrisa alguna de estas experiencias con altas cargas de culpa. Con estas dos herramientas, podemos observar lo absurdo que es quedarnos anclados en la culpa, y lo rápido que la desmontamos para dejarla ir junto con todas las emociones tóxicas que nos mantienen pegados a ella. Es como quitarle seriedad al asunto, que no su dolor, y darnos cuenta de que, aquí y ahora, en el presente, podemos reír, no estamos dominados por el sufrimiento. Permitirnos sonreír ante situaciones que desearíamos borrar de nuestro recuerdo, nos libera de la postura tan estricta que hemos adoptado con nosotros mismos ante ellos. Nos damos por fin el abrazo de ternura y protección que nos hace falta para, de una vez por todas, permitirnos zanjar y soltar esa carga. Búrlate de la culpa, ríete un poquito de ella y quítale peso, incluso cuando a tu ego le cueste, porque hacerlo supone liberar de tu rabia a alguien que nos dañó. Pero al dar ese paso de fortaleza, lo que descubrimos es que, liberando al culpable, liberamos también las cadenas que nos atan a él.

Cuando tuve mi primera relación de pareja ni me acordaba de mi trauma de la infancia de mearme en la cama. Pero una noche me meé. Sí, mientras mi pareja dormía conmigo. Y sí, le meé entero. No llevábamos saliendo ni medio año. Cuando me percaté, me morí de la vergüenza, por un momento empecé a sudar y a repetirme lo estúpido que era por no haberlo previsto, pensaba que era mi culpa y me preguntaba qué pensaría de mi después de esto. Él no se había dado cuenta aún, seguía durmiendo, pero en lugar de tratar de disimular preferí afrontar mi trauma (tampoco me quedaban muchas opciones, quiero decir, le había meado encima). Le desperté y le conté que estaba durmiendo en mi meado y automáticamente fue él quien empezó a mearse, pero de la risa (muy oportuna la expresión). Él podría haber considerado que era mi culpa haberle meado, y en teoría así era, pero realmente había otras causas, miedos e inseguridades que lo habían provocado y él lo entendió naturalmente. Así fue como, con amor, me liberó de la culpa y con humor me ayudó a desmontar la cama para echar todo a lavar.

Nunca más me volví a mear en la cama.

PLANTANDO SEMILLAS

Vamos a analizar las motivaciones que nos provocan dañar a otros, que son las mismas que impulsan a otros a dañarnos a nosotros. Así desmontamos la idea de la culpa y entendemos de dónde y por qué surgen realmente las acciones dañinas.

* Piensa en un conflicto, situación de tensión o trauma que haya desbordado tus emociones. De las personas implicadas, ¿culpas a alguien de lo que sucedió? ¿Por qué? ¿Crees que lo hizo porque *es así de mala persona*? Pregúntate, ¿siempre fue mala persona? ¿Es eso lo único que es esta persona? Y si no es así, ¿habrá alguna razón o carencia que le haya llevado a actuar de esa forma?
* Piensa en algún conflicto que hayas tenido, ¿crees que tienes alguna culpa en el conflicto? ¿Crees que podrías haber hecho algo diferente para que el conflicto no hubiese escalado al nivel que lo hizo? ¿Piensas que podrías haber creado una causa que desviara el destino que tomó la confrontación en otra dirección más favorecedora? ¿Había algo en tu mano que pudieras hacer al respecto?
* Imagínate en una situación en la que dañaste a alguien. ¿Por qué lo hiciste? ¿Hubo algo que te molestó de esta persona? ¿No querías dañarla, pero sentías que tenías que hacer lo que hiciste porque te hacía falta o te haría feliz? ¿Estaba el ego implicado en este conflicto echando leña al fuego con el orgullo herido? ¿Cuál fue tu motivación? ¿La envidia? ¿Buscabas la aprobación de alguien? Reconoce la carencia que te provocó actuar de esa forma si alguna vez lo has hecho, para entender de dónde provienen las acciones que causan sufrimiento y desmonta la idea del culpable al entender que las motivaciones vienen impulsadas por causas y condiciones y no por una naturaleza ruin.

A continuación, he separado este apartado de la culpa porque es específicamente para trabajar sobre el trauma, que requiere algo más de cariño y cuidado.

* Piensa en algunos de tus traumas, trata de aplicar una media sonrisa, cariñosa y cálida que te arrope a la hora de abordarlos mentalmente. Acompáñate de la persona que eres aquí y ahora y da mentalmente el cariño que se merece a la persona que fuiste en el momento de experimentar ese trauma. Obsérvala con ternura, con fortaleza y dignidad, pues es el héroe que atravesó una experiencia difícil.

* Intenta pronunciar en voz alta (en tu espacio privado) lo que crees que te pasó y da nombres a las emociones que crees que te provoca. Abrázate mientras lo haces.

* Reconoce que mereces cuidado y amor y todo el respeto del universo. Vamos a dejar que entre y para ello, deja que este trauma se marche. Pero antes, despídete de él, dale las gracias por la enseñanza que hayamos podido obtener de él, y con un movimiento de sacudida de los brazos, lánzaselo al universo.

* Respira hondo, mantén la media sonrisa en los labios. Estás aquí y ahora, donde esa experiencia quedó atrás. Libre de amenazas, esta respiración es la prueba vigente de que estás bien, siéntela entrar y cárgate con ella de la fortaleza y compañía del universo. Al soltar el aire vacíate de cualquier tipo de culpa o carga, déjaselas todas al universo.

* Finalmente, si eres capaz, trata de hacer una broma con la situación. Te sorprenderían los temas tan truculentos con los que uno puede llegar a hacer humor de sus propias desdichas. El humor sirve para distanciarnos de la postura victimizada y ponernos por encima de la situación y no dentro de la situación, afectado por todo lo que supuso esa experiencia.

«La potencia intelectual de una persona se mide por la dosis de humor que es capaz de utilizar», Friedrich Nietzsche.

PERDÓN: A TODAS ESAS MEJORES VERSIONES NEFASTAS
Liberándonos del enfado

Querido diario, ¿tú sabes por qué yo siempre he dicho que ser madre es el acto de amor y generosidad más puro? Porque mi madre se desgarró el chirri y se pasó nueve meses hinchándose como una ballena a la que no le entraban ni las bragas para traerme al mundo. Y aun así yo me he llegado a enfadar con ella por tonterías, como cuando no pudo prepararme la merienda... ¡Y me podía durar días el enfado! A mí se me enfada así un novio y yo aguanto tan poco que a los dos segundos está volando por la ventana. ES BROMA, NO A LA VIOLENCIA. Pero tú me entiendes. Sin embargo, mi madre no me tiró por ninguna ventana. Y mientras yo podía pasar días enfadado (incluso sin motivo de peso), ella me perdonaba los berrinches caprichosos. Tenía la sabiduría suficiente para saber que el egoísmo de mi postura no era intencionado, sino más bien una expresión de la carencia, y eso a ella le generaba compasión en lugar de rechazo. Mientras tanto y, por el otro extremo, yo, que represento la ignorancia en esta situación concreta, podía pasar días enfadado con ella esperando un gesto que mereciese mi perdón para pasar página, por algo que mi propia madre, que me ha cuidado tanto, no había hecho ni si quiera con mala intención.

Ay, el perdón. Ese sentimiento tan difícil de emanar, que se aferra tanto a lo que nos duele y al orgullo. Pero ¿por qué es tan importante perdonar? ¿A caso no puedo seguir adelante sin perdonar lo que me ha ofendido para hacerme respetar? ¿Qué es el perdón?

El perdón es la cura del enfado.

Perdonar es cesar el enojo, acabar con el enfado. No es olvidar, ni tampoco ignorar a la persona que nos dañó. Te perdono porque no guardo resentimiento hacia ti, pero para ello no tengo que negar las consecuencias que tienen los actos cometidos. Muchas veces creemos que perdonar es liberar a alguien de la responsabilidad de sus actos, pero en realidad es liberarnos a nosotros mismos de las emociones negativas que nos atan a ellos.

Perdonar no es hacer las paces con quien nos dañó, sino con la realidad.

Nos cuesta perdonar porque el ego pone al orgullo de por medio para que nos impida conectar amorosamente con aquello que nos ha dañado. Pero no hacerlo nos impide seguir adelante, ya que ancla tu presente a una experiencia dolorosa del pasado.

Cuando perdonamos podemos avanzar, podemos por fin guardar las garras. Ya no nos deben nada, ya no tenemos que esperar nada para poder recuperar la paz. El ego nos ha repetido que hasta que no se ganen nuestro perdón no debemos avanzar. Y eso es lo que el ego quiere, que NOS pidan, que NOS demuestren, incluso con personas que nos han demostrado tantas otras veces lo mucho que nos cuidan. Al no perdonar encontramos la excusa perfecta para mantenernos anclados a ese enfado. Y no nos deja avanzar, nos deja ahí plantados en esa emoción que arrastramos y repetimos en nuestra mente, alimentándola y dejándola crecer durante días, meses o años. ¡Hay miembros en las familias que llevan décadas enfadados y ni siquiera se acuerdan de por qué empezó todo!

Muchas veces nosotros mismos hemos sido dañinos. Al aceptarlo y entenderlo, comprendemos también a otros y nos es más fácil analizar la naturaleza de las acciones dañinas y cómo provienen de la carencia. Ya sabemos que toda acción dañina proviene del sufrimiento, y que al sufrir hacemos cosas que nos llevan muchas veces a dañar a otros. No es que sea un ataque personal que nos sale de lo más profundo del corazón, sino más bien que en un afán de buscar la felicidad y evitar el sufrimiento, acabamos lastimando a otros y a nosotros mismos.

«Si a raíz de la influencia de aflicciones mentales uno se puede dañar a sí mismo, cómo no esperar que dañe también a otros», Shantideva.

Cuando nos daña un desconocido, alguien que nos cruzamos por la calle o un vecino al que solo nos cruzamos a veces por el pasillo, perdonar o no tomarnos el enfado tan a pecho puede ser más fácil. Sin embargo, cuando nos daña alguien en quien confiamos, alguien cercano a quien queremos, es mucho más difícil perdonar. Cuando se trata de alguien que nos debería cuidar, nos quedamos confundidos. Muchos podemos reconocer lo complicado de este tipo de situaciones, sin embargo, y aunque lleve más tiempo lidiar con ellas, no significa que sea imposible sanarlas con el perdón.

Mis padres por ejemplo no lo tuvieron fácil, mi mamá solo tenía veintiún años cuando yo nací y mi padre, un par más que mi madre. Y sinceramente no tenían dónde caerse muertos... Lo que es normal, a esa edad qué vas a tener más que una colección de posters de tu *celebrity crush*. Pero eso no detuvo a mis padres de tirar *pa'lante* y afrontar los baches que trajese la vida como mejor pudieran. ¡Y hubo baches! Pero oye, aquí seguimos, firmes después de todo. Cada familia es un mundo y la crianza no siempre es perfecta porque nosotros tampoco lo somos, ni siquiera yo que parezco una escultura griega. En la mayoría de los casos la crianza es todo un reto para las familias. Esto lleva a muchas situaciones de estrés y ansiedad en el núcleo familiar que pueden dejar secuelas de nuestra infancia que todavía hoy nos cuesta perdonar. En casos extremos de inestabilidad familiar, los padres pueden acabar enfocando el estrés en los hijos, dando a los niños en adopción, abandonándolos o aún peor, reflejando su desequilibrio emocional en el maltrato. Pero, en cualquier caso, hasta esos padres que jamás fueron padres, fueron los mejores padres que pudieron ser, porque **todo lo que uno es, no es ni más ni menos, que lo que es.**

> *Todos somos en cada momento la mejor versión que podemos ser, incluso cuando hemos sido nuestra peor versión.*

En el presente podemos reconocer actitudes o acciones que hemos tenido de las que nos arrepentimos y nos decimos: «jamás me perdonaré haber actuado así». Pero lo cierto es que actuaste así, e hiciste daño, porque en el momento en el que cometiste la acción, eras esa persona. Ahora ni te reconoces en ella, pero en ese entonces, tus herramientas y el manejo de tus emociones no eran lo suficientemente hábiles como para valorar otras opciones más virtuosas. *No perdonarte jamás* por haber actuado así, no solo evidencia que has evolucionado desde entonces para reconocer las consecuencias que tuvieron esas acciones, sino que ya no eres esa persona. Pero, al *no perdonarnos jamás* solo intoxicamos el presente de un castigo de vergüenza, resentimiento y enfado de algo que sucedió en el pasado, que ya no representa quién eres ahora. Y lo mismo sucede con otros. Cuando te dañaron fueron la mejor versión que podían ser, nadie intenta ser su peor versión y, aun así, a veces podemos ser una versión nefasta. Perdonar es entender que todos estamos intentando hacerlo lo mejor que podemos, conectar y empatizar compasivamente con esa parte que a todos nos une, para soltar el enfado que no nos deja avanzar, y empezar a vivir una vida exudando una energía más limpia y ligera.

Al fin y al cabo, al igual que aprendes de ti con tus propias acciones, aprendes de otros a través de sus acciones. Las consecuencias de sus actos tienen responsabilidades que la propia ley de causa y efecto y el universo van a tomar en sus manos sin que tú necesites exigir nada. Por ejemplo, si te han mentido, instintivamente escucharás con más recelo hasta que el tiempo devuelva la confianza. Si te han insultado, marcarás los límites que deben cumplirse para respetar tu persona, o incluso podrás decidir distanciarte permanentemente. Pero, en cualquier caso, entender que hay un motivo que impulsa a los seres a actuar como actúan nos hace empatizar con su sufrimiento, que también será nuestro cuando seamos una mejor versión nefasta. Les perdonamos por ello. Nos perdonamos por ello. Soltamos así el enfado que no sirve para otra cosa más que mantenernos anclados a una fuente del pasado que solo emana energía densa y oscura y no nos deja avanzar.

Mucha de la terapia de hoy en día se centra en encontrar el foco en el que se inician muchos de los sucesos del pasado que aún arrastramos, incluso de la niñez, y que no nos dejan avanzar en nuestra adultez. Identificar la causa es una buena manera de entender, analizar y tratar de deconstruir lo que nos duele, pero al final solo en el presente se puede ejecutar el cambio y para ello tenemos esta herramienta sanadora con la que empezar: **el perdón.**

¡CHISME, CHISME!

Te voy a contar una anécdota que no le va a hacer ninguna gracia a uno de mis ex, pero me da igual, él sabe que le quiero mucho. Mi exnovio me puso los cuernis. Sí, mi amor, yo también soy cornuda, y sinceramente no me importa porque no solo aprendí mucho de ello, sino que ¡los cuernos son superestilosos! Cuando me enteré casi me da algo. Me quedé en *shock*. Pálido. Se paró el mundo. Solo podían pasarme por la cabeza todos los momentos vividos y sentir como se rompían poquito a poquito, como si fueran la mitad de reales de lo que yo creía que eran. Como si hubiese estado con una persona que no conocía. Como si todo hubiese sido una mentira. Y generalmente pensamos así cuando nos enteramos de que nos han sido infiel porque tenemos esta concepción romántica de que cuando encuentras a tu «media naranja» todo está solucionado, la vida es maravillosa y no habrá nada que se interponga en nuestro camino. Por lo tanto, si te llevas una desilusión así solo puede significar que todo era una mentira, que no era la persona que creías... La realidad es que una relación está colmada de beneficios, pero también de retos. Y que uno no solventa todas sus carencias y dudas existenciales por muy maravillosa que sea la persona que tiene al lado. Mi ex y yo tuvimos una relación preciosa, intensa pero preciosa. Con muchos momentos de amor reales, de apoyo mutuo, de profunda confianza. Y también éramos seres humanos con flaquezas, con carencias y con muchos errores e inexperiencia. Su infidelidad no fue más que el fruto de su búsqueda por saciar esos vacíos, y al final trajo mucho sufrimiento y consecuencias peores, con su propia conciencia y conmigo. Sin embargo, tras enterarme y montar el merecido drama me pregunté: «Ahora, ¿qué?» ¿Se acabó así nuestra relación? ¿*Ciao, arrivederci, bye bye,* si te he visto no me acuerdo, no quiero saber más nada de ti, traidor? ¿Jamás te perdonaré? Escucha, me dolió un huevo. Me rompió el corazón y destrozó lo que más cuesta construir: la confianza. Pero ¿no perdonarle iba a mejorar algo de eso? No, así que le perdoné. Pero no volvimos a ser pareja. Se acabó la posibilidad de recuperar la relación amorosa, por mucho que yo quisiera seguir con él, porque la confianza había sido abusada. Pero eso no me impidió perdonarle. Mi relación no había sido «una infidelidad» y punto, había sido mucho más. Él no era «un infiel», y punto. Él era mucho más. Habían sido años de crecimiento compartido, de experiencias y anécdotas, de amor. Y para mí era una persona importante que había contribuido a mi paso por esta vida, y eso me motivó a conectar con otra parte de esta persona que no es solo la que me hizo daño. Y así le perdoné, y también tomé las medidas necesarias más sanas para ambos. A los pocos meses fui capaz de sentarme a comer o a tomar algo con él y con la persona con la que me fue infiel. Surrealista, ¿verdad? Pero a día de hoy puedo decir que no solo gané uno, sino dos amigos, que conservo la relación con una persona que ha significado mucho para mí y que aprendí muchísimo sobre la enorme capacidad del perdón para soltar emociones negativas que no nos dejan avanzar, y volver a amar. ¡Ah! ¡Y que soy la hostia! *Pa* qué negarlo.

El perdón es una puerta que se abre con una llave doble, que son dos emociones entrelazadas. Dos sentimientos que son dos caras de la misma moneda: la compasión y el amor.

* **La Compasión:** es la otra cara del amor en la que conectamos con el sufrimiento de otro. El amor es conectar con la felicidad del otro, la compasión es conectar con el sufrimiento del otro. Al conectar con la pobreza y el dolor que debe sentir alguien en su corazón para ser dañino y sentirlo como si fuera tuyo, es más fácil empatizar y comprender que sus acciones provienen de la desesperación. Una desesperación en la que nosotros mismos podemos vernos reflejados cuando erramos.

* **El Amor:** es nuestra fuente de abundancia, es infinito y con él podemos desear el bien a esa persona que nos dañó. No porque debamos estar cuidando a alguien que nos ha dado una patada en el culo, sino porque **solo deseando la sanación del corazón de aquellos que dañan podemos esperar un mundo de paz.** Conectar con esta abundancia del amor te recuerda el poder que tienes sobre cualquier situación dañina y es una manera de soltar por fin la deuda, de dejar atrás ese deseo de que se pudra en el infierno que pesa, nos oscurece por dentro y cuya responsabilidad es del universo y no nuestra.

Perdonar es permitirnos reescribir la vida que queremos vivir y no la que sentimos que escribieron por nosotros.

PLANTANDO SEMILLAS

A continuación, vamos a hacer una reflexión analítica sobre la relación con alguien a quien no podemos perdonar y vamos a tratar de ir paso a paso hasta poder conectar desde una postura compasiva y firme para soltar con ello todo lo que no nos deja avanzar.

* Piensa en alguien que no puedas perdonar. ¿Qué sientes? ¿Son emociones negativas? ¿Crees que aporta algo en tu corazón mantener estas emociones que ya has sufrido y prolongado tanto tiempo?

* Ahora trata de recordar momentos con esta persona en los que hizo cosas bonitas (solo si los hay, si no, puedes probar a imaginártelo siendo un bebé y preguntarte qué pasó para desvirtuarse tanto). Piensa en momentos en los que te cuidó, en los que se portó bien contigo, en los que te dio amor. ¿Queda algún amor en ti hacia esta persona? La respuesta puede ser la que sea, es un ejercicio reflexivo y los sentimientos pueden ser tan honestos como reales, tan solo indaga en estas cuestiones.

* Continúa pensando en esa persona, ¿eres capaz de conectar con su sufrimiento? Trata de sentirlo como si fuera tuyo, pregúntate hasta qué punto puede estar sufriendo, perdido, o en desesperación para hacer lo que ha hecho. Intenta imaginarlo y sentirlo en ti. Prueba a sentir compasión por este sufrimiento, y desea que se disipe. «Deseo que tus sufrimientos se desvanezcan...».

* Vuelve a pensar en los buenos momentos, en su sufrimiento y desea de corazón su felicidad, envíasela de forma sincera y dedícale una plegaria: «Ojalá seas feliz a pesar de todo», conecta con la fuente elevada y abundante que eres realmente.

* Finalmente da el paso y perdónale. «Te perdono por lo que hiciste, aunque lamento que las cosas hayan sucedido así, no tengo enfado

ni te deseo ningún mal, todo lo contrario, y agradezco incluso los malos momentos que han sumado a mi crecimiento espiritual».

Ten delicadeza aplicando estos métodos. No fuerces perdonar o sanar, puedes probar más tarde si lo necesitas, recuerda que no solo debes ser compasivo con el sufrimiento de alguien que pudo herirte, sino con tu sufrimiento y no forzarte a obtener resultados reveladores a la primera.

ACEPTAR MI CULO PERFECTAMENTE IMPERFECTO

La autenticidad que nos hace especiales

Querido diario, yo no soy especial, hago caca como todo el mundo y no, no huele a perfume. Pero a la vez, sí que siento que sea especial, porque ¡realmente lo soy! Yo y absolutamente todas las personas que hay en este mundo. Dentro de que todos parecemos distintos, pero somos iguales, cada uno de nosotros es especial. Lamentablemente no aprendemos a verlo así y por eso cuando uno consigue vivir emanando su autenticidad, levanta todas las miradas, algunas para aplaudir y otras juzgar. Pero más allá de las miradas, lo importante de lograrlo es disfrutar de la libertad que nace de ser uno mismo, dejando huellas únicas a tu paso que inspirarán el camino de otros para que alcancen el mismo potencial.

No hay nadie como tú. La infinidad de experiencias vividas a través de tus lentes te hacen un ser con una capacidad creadora única, tan única y especial como la de todos los demás.

La manera en la que nos educamos y desarrollamos en sociedad hace que nuestra autenticidad se sienta como un problema, como algo que debemos ocultar o evitar. Colectivizamos las identidades y reducimos las capacidades y diferencias únicas de cada individuo, y encima hay que sumar el miedo a romper el cascarón y mostrarnos tal y como somos. Esto hace que **aceptar** y sacar a relucir nuestras peculiaridades y «rarezas» orgullosamente sea todo un reto.

Estamos adiestrados a ser una copia de la copia de la copia. Reflexionar en profundidad y con discernimiento es una rareza. Solemos repetir lo que oímos sin haber cuestionado la lógica o intención de cada idea. Al nutrir la creatividad, la imaginación y la espiritualidad nos entrenamos en el hábito de pensar por nosotros mismos, de ser autocríticos, de deconstruir y reflexionar desde el corazón para usar nuestra propia voz. Así conectamos realmente con nosotros y podemos, por fin, vivir esta vida siendo quienes realmente somos, y sufrir cada vez menos por ello.

No hay sensación más liberadora que la de estar en consonancia con el cuerpo y la identidad de uno mismo, y así alcanzar el potencial creativo que reside en ti.

Desde que era pequeño, yo siempre cogí el lápiz un poco extraño. Mi profesora se acercaba cada vez que me veía escribiendo con mi mano distinta y me ponía los dedos de la forma convencional. Y eso que mi forma de agarrar el lápiz es super elegante, con el meñique elevado y todo, ¡qué finura! Mi técnica debería ser considerada como la versión 2.0 de cómo coger un lápiz, creada por mí a la corta edad de cuatro o cinco años. Podéis llamarme el Mozart contemporáneo si queréis, él a esa edad creó una composición musical y yo una nueva metodología de agarramiento de lápiz. El caso es que mi profesora siempre venía a corregirme los dedos, pero cada vez que se daba la vuelta yo volvía a mi estilo, no por joder ¡sino porque de la otra forma me dolía la mano!

Probaron múltiples estrategias para que yo me adaptase al *modus operandi* convencional. Cualquier posibilidad era mejor que aceptar que escribía distinto, y eso me hacía sentir que aceptarme no era una opción, lo conveniente era adaptarme. Definitivamente estaban dispuestos a verme caer, pero ¡NO LO IBAN A LOGRAR! Para practicar la escritura, nos dieron en clase unos cuadernillos llamados *Rubio,* que consistían en repetir una y otra vez la misma palabra o letra para mejorar la caligrafía. *Spoiler:* mi letra era HORRIBLE. Me mandaban tantos deberes para corregir mi sofisticado pero condenado agarramiento de lápiz y mi pésima escritura que me pasaba HORAS repitiendo la misma letra. Parecía una *geisha* haciendo caligrafía japonesa en sus aposentos... Bueno, si al menos fuese así, iría peinado, maquillado y con un vestidazo que flipas de telas lujosas de seda. ¡Esa fantasía te la compro! ¿Pero yo muerto del asco en mi casa? ¿En las Islas Canarias? ¿Con el sol entrando por la ventana y los pajaritos cantando y me tienes aquí durante horas escribiendo la letra *e*? Olvídate. PESADILLA en mayúsculas.

Yo lloraba con los cuadernillos *Rubio,* maldecía cada noche a su creador. Me obligaban a sentarme en la mesa hasta que los terminase y te lo juro que era superior a mí. Además, me daban motivos para entender por qué aceptar mis peculiaridades era una mala idea (el miedo para doblegar): «Si no te adaptas serás el raro», «Si eres incapaz de cambiarlo es que tienes poca disciplina», «Escribiendo así no tendrás futuro...». ¿Era esto cierto? Pues NO, porque en esa misma época mi hermana, mi vecina y yo demostrábamos otras aptitudes en las que excedíamos cualquier expectativa para nuestra temprana edad. Juntos creamos una revista. Sí, sí, tal cual lo oyes. No la leía nadie más que mis padres, y probablemente ni eso, pero era nuestra revista propia, Anna Wintour, ¿quién? Mi vecina se dedicaba a la sección de cine, y escribía *reviews* de películas y entrevistas a actores, imaginariamente. Mi hermana hacía la sección de corazón, y escribía los chismes, y yo me encargaba de la sección de moda y música. Escribíamos los artículos, dibujábamos las ilustraciones, inventábamos los títulos y juntos diseñábamos la portada. Todas las semanas debíamos tener nuestra sección terminada para poder juntarlas y publicar la revista los viernes. ¡Y cada viernes la teníamos lista porque nos apasionaba! ¿Tenía mi sección la letra más fea de todas porque odiaba hacer los cuadernillos *Rubio* y agarraba el lápiz raro? Pues sí, pero ¿había creado una revista y era disciplinado, constante y creativo como para sacar una edición cada semana apasionada y rigurosamente? También. No todos tenemos que escribir bonito, ni escribir igual. No hace falta tener pasión por crear una revista, pero todos tenemos peculiaridades e inquietudes, sean las que sean, que nos hacen auténticos si las aceptamos, exploramos y dejamos fluir. Y esto nos ayuda a ser exitosos, no para «tener un futuro», ¡sino para tener un presente! Por cierto, a día de hoy sigo cogiendo el lápiz igual de sofisticadamente mal.

> *Nos toca a nosotros mismos construir (o más bien desenterrar) nuestra propia autenticidad y aceptar lo que nos hace diferentes como una cualidad, y no como un complejo.*

Siempre encontramos causas externas por las que sentir que no somos suficiente, por las que encontrar razones para no aceptarnos y querer ser otros: son más inteligentes, más guapos, más sabios, más... Conocemos la sensación de mirar los años que hemos dejado atrás y arrepentirnos constantemente de no habernos aceptado. Desearíamos haber contado con la autoestima suficiente para haber podido explotar la vida como quisimos, sin tanta inseguridad y miedo. Queremos vivir y ser libres de esta prisión asfixiante en la que somos tan duros con nosotros mismos, pero para ello creemos que antes debemos ser así de inteligentes, así de guapos, así de sabios..., y hasta que no lo logremos no podremos aceptarnos y disfrutar esa plenitud. Creemos que la clave para sentirnos satisfechos está en obtener todos estos atributos que vemos ahí fuera y que creemos no tener, pero lo cierto es que la clave está en reconocer nuestros propios atributos y sacar del baúl oxidado toda nuestra autenticidad a relucir. Incluso podemos sacar provecho de una autoestima baja, no porque tengamos que conformarnos con ella, sino porque nos permite conectar con personas que se sienten igual y es una fortaleza maravillosa para empatizar más profundamente y aprender unos de otros. Es una cuestión de aprovechar todo lo que somos porque todo lo que eres, y lo que no eres, suma y es lo que te da tanto valor.

Por ejemplo, yo no sería ni la mitad de empático que soy si no me hubiesen dado tanto por culo (y esto no lo digo literalmente, eh, ¡que nos conocemos!). También son esas experiencias las que han forjado parte de la persona que somos, y esos retos que se nos han puesto delante nos permiten a día de hoy tener la experiencia para saber acompañar a otros que pasan por algo similar. ¡Y eso nos enriquece como personas! De nuevo, todo suma, nada es en vano.

No hace falta tener la más perfecta autoestima o el más depurado control emocional, ni el más perfecto cutis, ni todos nuestros traumas solventados para poder brillar auténticamente ahora mismo. Todos estos atributos son en realidad los que forman ese brillo. Aunque siempre estemos en algún proceso de crecimiento y madurez, eres perfecto en cada momento.

> *Tu brillo no se encuentra en una versión idealizada y perfecta de un futuro tú, sino aquí y ahora, en quién eres en cada momento.*

Una de las tendencias más típicas que tenemos al no aceptarnos es la de estar de mal humor o *grises* por ciertas características o cualidades de nuestra persona que nos desagradan, que querríamos cambiar o que creemos nos hacen tan desafortunados. A veces hasta sentimos que querríamos dejar de ser nosotros. Nos rechazamos y nos despreciamos, incluso podemos llegar a repudiarnos y autolesionarnos. Y aunque está bien hacer autocrítica y proponerse cambios personales, no debemos sufrir innecesariamente por ser quienes somos, sino disfrutarlo, y se empieza con una respiración profunda y una media sonrisa.

Aceptarnos no es de decir «Yo soy así y como me acepto, no hay nada que cambiar. Tómame o déjame». Recordemos que todo es continuo cambio y transformación, y nosotros también. Nunca seremos «así y punto». Aceptarnos es dar oxígeno a las partes de nosotros más ácidas y recordemos que las comidas ácidas no son necesariamente desagradables, tan solo especiales. Aceptarnos es dar oxígeno a las partes de nosotros que menos gustan o que nos han hecho creer que menos gustarán. Y es al darles el espacio que se merecen cuando descubrimos que ni disgustaban tanto, ni eran tan ácidas como creíamos, y que de los limones siempre se puede hacer limonada.

Aceptándonos vamos dejando a nuestro paso huellas que serán nuestras y ya no necesitaremos pisar más las que otro dejó, aunque nos hayan guiado hasta aquí. Tus nuevas huellas serán únicas, y abrirán un nuevo camino que guiarán e inspirarán a otros hasta que encuentren la forma de dejar las suyas propias. Lo más increíble de aceptar la autenticidad que te conforma no es solo el estado de plenitud con el que se sintoniza tu ser interior con el exterior, sino los otros efectos auténticos que dejas a tu paso y que inspiran y desafían a otras personas a tener el valor de seguir tu ejemplo.

Recuerdo unas Navidades, en las que yo disfrutaba mucho pasando tiempo con mi tía más joven, una hermana de mi padre que siempre fue un poco friki. Tenía instrumentos de música en su habitación, dibujaba, me prestaba su ordenador para jugar con el *Paint*... Siempre me pareció una persona muy guay, muy auténtica. El hecho de ser la más joven la acercaba un poco más a mí generacionalmente y me mostraba y contaba cosas muy interesantes. Decidió contarme un dato que había leído curioseando por ahí. «Papá Noel en realidad no vestía de rojo originalmente, sino de color verde, pero tras una campaña con *Coca-Cola* se rediseñó su vestimenta con los colores de la compañía y por eso hoy es rojo». Me pareció una historia tristísima, que en realidad no lo es, es una chorrada que te cagas, pero fíjate tú cómo la experiencia por la que está pasando cada uno moldea la proyección de una anécdota.

> *Nuestra perspectiva es un prisma que puede convertir un dato factual en toda una experiencia emocional.*

O sea, yo solo escuchaba que el pobre Santa Claus había tenido que dejar de ser como él quería o como él realmente era, que había dejado de aceptarse porque socialmente iba a funcionar mejor que se adaptase a los cánones de una marca exitosa. Imagínate el drama, para mí Santa Claus era ahora un ser oprimido al que se le había robado su personalidad. ¡Cómo se le puede hacer eso a una persona que lo único que hace es traernos regalos por Navidad cuando nos portamos bien! Lo sé, siempre he sido muy dramático y justiciero, échale la culpa a mi horóscopo quizás, no sé. El caso es que yo no me podía quedar de brazos cruzados sabiendo que este atentado contra la identidad de una persona tan generosa se estaba cometiendo ante los ojos de todos sin que nadie hiciera nada. Pero ¿cómo podía hacer yo algo para ayudar al pobre Santa Claus a aceptar quien realmente es? Si tan solo soy un niño de siete años en un pueblo de montaña. *Well,* querer es poder, amor.

Un día en el colegio, cuando se acercaban las vacaciones de Navidad, la profesora nos dijo que para decorar la clase este año íbamos a crear nosotros mismos los adornos y nos repartió unas ilustraciones para colorear. Íbamos a engancharlas todas juntas en un hilo que cruzara el aula de lado a lado para que quedasen colgando sobre nuestras cabezas. Mira, cuando yo veo que empiezan a repartirnos a cada niño, mesa por mesa, la misma ilustración de Santa Claus para crear una línea entera de todos los de los alumnos del grupo yo pensé: «Esta es mi oportunidad. Santa Claus, en esta clase tu voluntad será oída y tu autenticidad visibilizada. #FreeSanta!». Y así fue como me dispuse a colorear de verde a mi querido Santa y a devolverle un poquito de la alegría que él me traía cada Navidad.

Todo iba sobre ruedas, o mejor dicho en este caso, sobre renos. Pinté la ropa de mi Santa Claus totalmente verde. ¡Yo estaba contentísimo con el resultado! Lo que yo no me esperaba era que mi profesora casi muere infartada cuando, al pasar por mi mesa vio a mi Santa Claus de color verde moco. Casi me arranca los tímpanos del grito que me pegó: «¡PERO JESÚS TAZARTE SANTANA RAMOS! ¿QUÉ ESTÁS HACIENDO?». A lo que respondí «#FreeSanta!». *Na,* es broma, ¿te imaginas? Adiós a mi cabeza si le digo eso. Debe de ser que ella quería que fueran todos rojos para que la decoración de la clase quedase uniforme, o igual ella también estaba *sponsoreada* por *Coca-Cola,* ¡no sé! Pero cuando la vi echando humo por las orejas, empecé a temblar y respondí: «Mi tía me contó que Santa Claus era originalmente de color ver...». No terminé ni la frase, «¡Ni color verde ni cuatro cuartos! ¿Tú ves algún otro compañero pintándolo de color verde?». Miré a mi alrededor y efectivamente, eran todos rojos, pero ¿significa eso que mi Santa Claus era menos real? ¿O quizás simplemente estamos menos acostumbrados a ver la versión auténtica de él? Ese día me fui a casa llorando, no solo estaba triste de haber enfadado a mi profesora, también me sentía estúpido de haber creído que estaba haciendo algo positivo y que me hubieran hecho sentir que era una ridiculez innecesaria (culpa). Y, por si fuera poco, había probabilidades de ser el único niño que no tuviese su Papá Noel colgado en la clase.

Haber seguido el instinto que me pedía mi autenticidad, me había traído a simple vista malas consecuencias, porque no es desconocido que según nos han educado lo distinto causa controversia. Pero entonces llegó el día de la fiesta de Navidad y al entrar al aula, allí estaba, colgado junto a todos los demás. Era el único verde, pero no por ello era menos Santa Claus. Se abrieron muchas conversaciones en clase acerca de él. El origen de su color se hizo visible y muchos conocieron la historia que hay detrás. Ahí entendí que, tratando de ayudar a Papá Noel a aceptar su autenticidad verde, yo había sido muy auténtico y había dejado una huella más trascendente de la que creía.

PLANTANDO SEMILLAS

Vamos a intentar pensar en esas cosas que nos hacen únicos, auténticos, distintos a los demás. No reprimas tus instintos, déjalos salir.

* Intenta visualizar algunas hazañas o anécdotas en las que hayas estado involucrada o que hayas hecho de las que estés orgullosa.

* Mírate. Piensa en ti. En tu voz, en tus ojos, tu pelo, tus manos, gestos, palabras, intereses, conocimientos, experiencias... Trata de identificar atributos positivos de tu persona que admires y que te definan.

* ¿Eres capaz de visualizar o recolectar una lista de personas a las que hayas ayudado en tu vida? Yo estoy seguro de que sí lo has hecho, así que visualízalas.

* Dibuja o imagina una versión de ti empoderada. Lo que sea que signifique eso para ti. Imagínate su caminar. Imagínate su mirada al intercambiarla con otros, y su sonrisa. ¿Lleva maquillaje? ¿De qué tipo? ¿Qué tipo de ropa lleva? ¿Planos, tacón o plataforma? Piensa en la manera en la que se comunica, con confianza y fuerza, pero con amor y amabilidad. Dibújala si puedes para no olvidarla. Una vez la tengas, prueba a construirla en la realidad.

Por cierto, eres la caña, que lo sepas.

HABITUANDO MIS HÁBITOS
La motivación adecuada

Querido diario, yo llevo toda la vida siendo ADICTO al azúcar. No te rías, es un problema serio, tú me das un bollo y se me quita *to* lo malo. El azúcar en exceso es súper dañino para la salud, yo lo sé, pero por mucho que lo sepa, un bollo me nubla la razón. Vamos, que un bollo *pa* mí es como un hombre, rico pero tóxico. ¡MENTIRA, NO ACABO DE DECIR ESO EN UN LIBRO! Con madrugar me pasa algo parecido. LO ODIO. Odio madrugar, da igual que haya dormido 87 horas; por la mañana voy a estar pegado a la cama, ella y yo somos uno antes de las diez. Pero sé que luego cuando me levanto tarde, no me da tiempo de hacer todo lo que quiero y no me ayuda nada anímicamente. Aun así, me sigue costando madrugar. Uno de los retos más grandes que nos encontramos en nuestra vida es reeducar nuestros hábitos. Encaminarlos en una dirección que favorezca nuestro destino. **Los hábitos son las conductas y pequeñas acciones que repetimos día a día,** una y otra vez por instinto, hasta el punto en el que ya las hacemos de forma automática.

Todo lo que hacemos son hábitos porque todo lo que hacemos lo hacemos a nuestra manera (generalmente siempre igual, por eso es a nuestra manera). Tenemos también una costumbre de pensar específica con la que estamos habituados a afrontar cada cosa, según nuestra experiencia. Tendemos a convertir en rutinas todo lo que hacemos, porque una vez que empezamos, nuestro instinto nos invita a volver a repetirlo, es lo más lógico, cómodo y seguro, y así nos desenvolvemos día tras día convirtiendo en hábitos todas las acciones que desarrollamos. El problema viene porque mayormente no prestamos mucha atención a cómo afectan a nuestras vidas o qué relación tenemos con ellos. La falta de costumbre en atención plena sobre todo lo que hacemos nos impide observar minuciosamente cómo y por qué hacemos lo que hacemos. Simplemente lo hacemos. Y precisamente por esto también cometemos los mismos errores tantas veces. Salimos con el mismo perfil de tío tóxico, volvemos a hacer eso que nos prometimos que no volveríamos a hacer... En definitiva, hacemos todo lo que hacemos sin prestar mucha atención mientras lo hacemos y generamos muchos más efectos de los que creemos, sin saber exactamente en qué dirección los estamos generando. Prestar atención a nuestros hábitos para reenfocarlos un poquito en la dirección correcta es la clave para generar un cambio transformador en nuestras vidas.

Solo el hombre tropieza dos veces con la misma piedra.

La cosita que traen los hábitos es que claro, son hábitos, son una repetición bien sellada en nuestra conducta, un patrón de comportamiento, lo que significa que aprender a deconstruirlos y generar unos mejores tiene su ciencia. Pero no te preocupes que aquí están todas las claves necesarias para hacerlo exitosamente. Los hábitos que generamos pueden ser de dos tipos:

* Los físicos, como llegar a casa y quitarse los zapatos nada más entrar.
* Los mentales, como creer que el mundo está en tu contra.

Todo cuanto hacemos o pensamos genera efectos en nuestra vida. Por lo tanto, debemos observar con cuidado ambos hábitos, físicos y mentales, para mejorar nuestra vida. Podemos erradicar ciertos hábitos físicos dañinos, como fumar, incluir otros más positivos como sentarte a meditar, y moderar los que, sin ser necesariamente nocivos, empeoran nuestra calidad de vida como el apego desmedido a cualquier persona, sustancia, sexo, comida, deporte... Pero si no trabajamos a la par los hábitos mentales, jamás terminaremos de provocar el cambio profundo que necesitamos.

Repetir los mismos patrones de comportamiento nos da seguridad, no cuestionamos cómo hacemos lo que hacemos porque es cómodo simplemente repetirlo, y lo cómodo es básicamente lo conocido, dado que lo desconocido, como hemos visto, nos da miedo. Estamos cómodos desenvolviéndonos en un ambiente o de una manera que nos es familiar. La conocida zona de confort es una representación de esta tendencia.

La zona de confort tiene esta mala imagen porque se dice que es lo que te impide evolucionar. Es como que nos acomodamos en ella y podemos repetir eternamente los mismos hábitos porque sentimos que nos protegeremos así de lo desconocido. Pero siguiendo esa lógica, tampoco podrás disfrutar de nuevas emociones y experiencias que te enriquezcan como ser humano mientras no salgas de ella, aunque esto suponga un constante desafío.

¿Qué es mejor entonces, la zona de confort o una vida de emociones constantes? Parece que nadie se pone de acuerdo sobre el tema, pero ¿realmente debería ser ese el debate? Durante mucho tiempo yo ansiaba poder disfrutar un poco más de tener una zona de confort, la defendía y reclamaba como un espacio en el que puedes huir del estrés y la ansiedad constante del «quiero explorar mis límites». Yo ansiaba disfrutar un ratito de una zona de confort porque me pasé la mitad de mi vida forzándome a salir de ella. En mi vida profesional indagaba en los parajes más inhóspitos de mis emociones y retorcía mi corazón para plasmar artísticamente mis ideas, aprendiendo sin descanso las técnicas más exigentes. También lo hacía en mi vida personal cuando, por ejemplo, decidí maquillarme los ojos por primera vez para ser fiel a mi propia identidad, ignorando la imagen heteropatriarcal del género masculino bajo la que habría estado más cómodo y menos señalado. (¡Pero qué aburrimiento acotar la amplitud de nuestra experiencia a unos patrones imaginarios!). Yo siempre he observado todo con lupa, me he desafiado, he cuestionado todo lo que se me ponía delante... Uff, ¡qué pesadito! Precisamente por esto reclamaba los beneficios de la zona de confort, porque me había forzado desde hacía tanto tiempo a vivir en una constante búsqueda para ampliar mi potencial que acabé anhelando las vidas más convencionales de algunos de mis amigos.

Cuando en 2020 estalló la pandemia tuve la oportunidad de parar todo y experimentar, por fin, esa supuesta zona de confort que tanto ansiaba y que no recordaba haber probado nunca. Durante la pandemia no podíamos hacer mucho más que sobrevivir, teníamos prohibido incluso salir, ir a trabajar, ir a dar un paseo, ni siquiera podías ir a ver a tus seres queridos. Lo vi como el momento perfecto para desarrollar nuevos hábitos. Me propuse que fueran en «mi zona de confort», que no me causasen estrés o ansiedad, que me dejaran satisfecho sin tener que golpearme con un látigo para lograrla. Meditaba, jugaba a videojuegos, escribía mensajes de cariño a mis padres y amigos, bailaba, cantaba, y hacía deporte al aire libre. Todo estaba bien, pero faltaba algo. Me faltaba un propósito. A los seres humanos nos gusta sentirnos útiles, nos gusta crear y construir, solo entonces disfrutamos verdaderamente de ver una peli, de un paseo o de unas vacaciones. No digo que sea más satisfactorio trabajar durante ocho horas que vivir de vacaciones eternamente, porque tú y yo sabemos que no es así. Pero si no tenemos un propósito, vivir por vivir puede ser igual de insatisfactorio que dedicar tu vida simplemente a trabajar sin descanso. Es entonces cuando caemos en depresión, cuando todo pierde sentido.

Pero si persigo un propósito, ¿cómo voy a seguir manteniendo la templanza que me da la zona de confort? Hablé con mis amigos que tenían esa vida más convencional y menos frenética que la mía para escuchar sus puntos de vista. Mientras que yo estaba agotado de la continua lucha fuera de la zona de confort, donde todo es nuevo y tus sentidos están constantemente a flor de piel (lo cual se resume en un continuo estado de alerta, o sea, cortisol por un tubo), mis amigos, que iban a trabajar al mismo sitio desde hacía años, donde nada cambiaba mucho y cuya rutina era la misma semana tras semana, también estaban agotados. En su caso, estaban agotados de no encontrar ninguna emoción o cambio en sus vidas. Ellos envidiaban lo emocionante de mis hábitos (sin ver mi ansiedad) mientras que yo envidiaba la tranquilidad y seguridad que creía le daban los suyos (sin ver su frustración). Y ahí se presenta la revelación:

Si mantenerte en tu zona de confort no te hace feliz, pero luchar por estar fuera de ella tampoco, la clave no solo está en mejorar nuestros hábitos, sino nuestra relación con ellos.

Tanto a mis amigos como a mí, por muy distintas que fueran nuestras vidas, nos faltaba lo mismo: un propósito de virtud en nuestros hábitos. No hay una versión de vivir tu vida mejor que otra. No tienes una vida más satisfactoria por no parar de viajar, comprarte cosas *fancy* ni tener mucho sexo con gente diferente. Tampoco es mejor necesariamente llevar casado con la misma persona 304 años, trabajar desde la edad de piedra en la misma oficina y no haber salido nunca de tu pueblo. Será más satisfactoria cualquier versión de vida en la que los hábitos estén motivados por la virtud, y este debe ser el propósito de cada hábito. Debemos escucharlos, cuestionarnos por qué los hacemos así y en qué dirección llevan la narrativa de nuestra vida.

Al reenfocar nuestros hábitos correctamente acercamos nuestra vida a uno de los pilares fundamentales de la felicidad: **la virtud.** La virtud es una frecuencia del universo en consonancia con el amor y la creación. Nuestra capacidad de enfocar nuestra vida hacia acciones que generan mérito y efectos positivos, de entrar en consonancia con esta frecuencia. Morar en la virtud es morar libre de emociones dañinas, y conectando con la abundante fuente insaciable de amor y compasión para sanarlas. Morar en la virtud es recuperar el amor por la vida. Hacerlo depende de nuestra determinación.

«La virtud es una disposición voluntaria adquirida, que consiste en un término medio entre dos extremos malos, el uno por exceso y el otro por defecto», Aristóteles.

Entre los dos tipos de hábitos, físicos y mentales, vemos más claramente cómo nos benefician o perjudican los primeros. Los segundos, sin embargo, aunque son más sutiles, determinan realmente los resultados que tiene absolutamente todo cuanto hacemos, incluso el hábito más inofensivo. Si cada vez que entras en casa, te quitas los zapatos y la ropa con ganas de despojarte del «asco de día» que llevas, cada mañana cuando salgas, quizás sin darte cuenta, te estés preparando para enfrentarte a otro «asco de día», deseando sentir el alivio al llegar de nuevo a casa y por fin volverte a despojar de todo lo que supuso salir de ella. Este es el nivel de sutileza y consciencia profunda con el que debemos analizar las intenciones tras nuestros hábitos para empezar a sanar nuestra estancia en la vida.

Pero ¿cómo se forma un hábito? ¡Fácil! Un hábito se empieza a formar con simple pensamiento. Para mejorar nuestra relación con nuestros hábitos tenemos que entender cómo nacen, se desarrollan y se establecen:

El primer paso es pensarlo, el segundo es pensarlo otra vez, el tercero es verbalizarlo, el cuarto llevarlo a cabo, y el quinto repetirlo.

Así se generan los hábitos en nuestra vida. Por eso se dicen cosas como «si lo ha hecho una vez, le será más fácil hacerlo otra vez». Una persona que nunca ha sido infiel tendrá más reparo de hacerlo por primera vez que alguien que ya lo ha hecho antes, porque en el segundo caso ya ha superado todos los escalones hasta la realización, mientras que el primero no. Cuanto más avanzado esté el hábito en este proceso, más difícil será deconstruirlo, pero eso no quiere decir que sea imposible. Todos tenemos lo necesario para cambiar con simple atención y dedicación consciente.

Ya hemos visto cómo formar un hábito, pero ¿cómo reconocemos uno bueno de uno malo? La vida es una cuestión de encontrar balance. Los extremos siempre nos llevan por el camino de la perdición. Y muchas veces algunos hábitos ni siquiera son buenos o malos, pero simplemente sabemos que no nos hacen felices o no nos favorecen (como a mí quedarme pegado a las sábanas todas las mañanas). Entrenar nuestra atención nos ayudará a escuchar los motores que mueven nuestras acciones, y preguntarnos cómo y por qué hacemos lo que hacemos. Plantear la pregunta es el primer paso para comenzar la creación de un nuevo hábito por el simple hecho de pensarlo.

Nos dicen las enseñanzas que es más eficaz crear un hábito nuevo con efectos virtuosos contrarios al que queremos erradicar que cortar con uno anterior (que también es una posibilidad para los más disciplinados). Este hábito nuevo irá robándole terreno al viejo hasta sustituirlo, esta vez reenfocado en la dirección deseada. Así de sencillo es, basta con prestar más atención y observar nuestras motivaciones y acciones para redirigirlas. El universo está ahí poniendo de su energía para que solo tengas que proponértelo. Confía, sonríe, y ya verás...

No te agobies, recuerda que esa energía no suma. El proceso de deconstrucción requiere paciencia y perseverancia, pero también compromiso. Recuerda que la vida no es el resultado que obtengas al conseguirlo, sino el propio proceso de creación y deconstrucción de hábitos y conductas que te moldean y te permiten ir experimentando todo cuanto te rodea. Disfruta de ese camino de altibajos, dudas y realizaciones, pues eso es la vida.

Todos estamos en un proceso, y darnos cuenta de que eso es la vida es clave para dejar entrar al amor y comenzar a añadir al proceso los ingredientes necesarios para hacerlo más satisfactorio, y, sobre todo, para eliminar los que lo hacen aún más difícil.

En conclusión, somos creadores de hábitos, pero no somos conscientes de ello, y, por lo tanto, impregnamos y creamos en nuestra rutina muchos hábitos que pueden estar afectando negativamente nuestra relación y percepción de la vida. Ahora que sabemos cómo se forma un hábito, es hora de empezar a crear los apropiados y de la forma adecuada. De esta manera, la propia vigilancia que entrenaremos al crear nuevos hábitos virtuosos se convertirá en sí misma en un nuevo hábito de nuestra conducta, que se trasladará poco a poco a todas las áreas de vida. Así tendremos una visión más clara y presente de cuáles nos favorecen en la vida que queremos.

Un hábito, pues, no es nuestro amigo ni nuestro enemigo sino nuestra tendencia. Somos nosotros mismos quienes decidimos ser nuestro amigo, o enemigo.

PLANTANDO SEMILLAS

Es hora de convertir nuestros hábitos en nuestros amigos. En lugar de ponernos más obstáculos en la vida, está en nuestra mano convertir el camino en uno de disfrute, y nuestra relación con nuestros hábitos es la clave. Vamos a descubrir la facilidad de dar propósito hasta a los hábitos más insignificantes de nuestra vida para llenarlos de sentido y así enriquecer nuestra experiencia en el mundo con la motivación virtuosa correcta; sea cual sea tu rutina, fuera o dentro de la zona de confort.

* Piensa en los hábitos que haces todos los días, la manera en la que te preparas para ir a clase o a trabajar, cepillarte los dientes, hacer la comida, saludar a tus vecinos o compañeros... Pregúntate, ¿cuál es mi motivación mientras hago estas cosas? ¿Terminar y pasar a la siguiente? ¿Ni idea, las hago en automático? ¿Están reforzados con ideas virtuosas, negativas o vacíos? ¿Realmente están vacíos? Recuerda que la mente no entrenada es un torbellino imparable y que no seamos conscientes de los pensamientos que nos bombardean no significa que no estén ahí. Identifica cuáles ocupan ese tiempo...

* Vamos a dar algo de valor y motivación virtuosa a algunos de estos hábitos. Tras tener en mente estas cosas que haces todos los días, selecciona los que consideres que tienen una motivación desaprovechada, y vamos a darle la vuelta. Por ejemplo, al saludar a tus vecinos o compañeros proponte sonreírles (hábito físico) y desearles mentalmente que tengan un día lleno de felicidad y libre de sufrimiento (hábito mental). O cuando te cepillas los dientes, tararea, por ejemplo, una canción y repítete frente al espejo lo mucho que te mereces amor y cariño y lo maravilloso que eres... ¡No sé! Invéntate esas motivaciones, pero reenfócalas hacia la virtud.

21 días

Ahora que hemos visto lo fácil y efectivo que es empezar a trabajar sobre nuestros hábitos ya instaurados vamos a crear nuevos hábitos virtuosos.

Para sellar estos nuevos hábitos que vamos a crear, nos propondremos una repetición de 21 días. Elige dos nuevos hábitos sencillos, que sean de cuidado personal y amor propio. Uno lo vas a dedicar a ti, y otro a otras personas. Al cumplir la meta, ¿te atreves a alargarlo otros 21? Dicen que en 40 días la huella es permanente… A continuación, te dejo las pautas de cómo enfocar cada uno:

* **Un hábito para mí mismo.** Elige algo que no te quite mucho tiempo para que no te suponga un inconveniente en medio del frenetismo, sino todo lo contrario, que instintivamente te nazca hacerlo y no saltártelo. Por ejemplo, una rutina facial por la mañana. Comienza el día lavándote la cara, aféitate, usa un sérum, una crema hidratante y una crema solar. Masajea tu cara con amor y, antes de terminar sonríe, respira durante quince segundos con la mano en el corazón y da gracias al universo por algo cada día. Yo, por ejemplo, voy a hacerlo contigo, me propongo los próximos 21 días levantarme temprano, pero no solo eso, también dormir ocho horas, apagar el móvil una hora antes de dormir y al levantarme por la mañana dar las gracias a la vida por un día más. Trata de establecer el hábito definiendo cómo lo vas a afrontar, tanto física como mentalmente. Decide el tuyo y, ¡vamos a por ello, *bitch*!

* **Un hábito para otros.** Proponte un pequeño hábito sencillo en el que dediques al menos unos minutos al día para otros. Manda un mensaje de texto diciendo algo bonito a alguien a quien aprecias cada día. ¡O un meme para hacerle reír! O recuérdale una cualidad hermosa que crees que tiene, o simplemente lo bello que es coincidir con ella en la tierra. Comprométete para hacerlo cada día.

Cosas a tener en cuenta:

* **Vigilancia,** recuerda que no es importante simplemente ejecutar el acto, sino prestar atención a nuestro disfrute e intención en presente al hacerlo para que el hábito se selle correctamente.

* **Flexibilidad,** si un día te olvidas o no te da tiempo, no te castigues. Media sonrisa y una caricia espiritual, mañana es un buen día para volver a intentarlo.

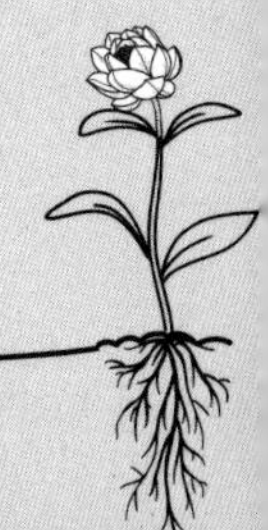

EMPATIZAR ES DE GUAPAS

El dolor es inevitable, el sufrimiento es opcional

Querido diario, la de veces que he ido por la vida y me han dado ganas de meterle dos queques a cada imbécil que me he encontrado por ahí tratando de amargar a los demás. Tienen suerte que ni soy agresivo, ni pienso poner en riesgo mi manicura partiéndoles la cara. ¿Y los que juzgan? ¡Siempre son los que más tienen que callar! Ellos pueden ser irrespetuosos, pero yo tengo que mantener la compostura porque si me bajo a su nivel y les lavo la cara con un rapapolvo usando mi elocuencia soy yo el que ha «perdido las formas». Agh, ¡qué miserable tiene que ser la vida de alguien para levantarse por la mañana y dedicarse a insultar, agredir o maltratar a otro ser humano! Yo jamás podría..., yo jamás..., yo nunca haría eso con..., yo... Bueno, puede que alguna vez también lo haya hecho... ¡Pero no soy mala persona como ellos! Cuando he hablado mal a mi madre, ¡ha sido porque estaba estresado! Pero obviamente la quiero con locura... Igual que a mi padre, aquella vez que le mandé a freír espárragos fue porque ¡sentía que no me entendía! Y cuando me peleé con mi hermana fue porque ella también me saca de quicio a veces y me hizo daño... ¿Y mi ex? Ese se lo merecía porque... Ay, querido diario, te juro que no soy una mala persona...

Todos tenemos el derecho a estallar, pero también la responsabilidad de reflexionar.

De entre los tantos retos que enfrentamos espiritualmente: los traumas, el perdonar, aceptarnos, configurar hábitos…, hay uno que nos pone a prueba de forma salvaje: lidiar con otros seres humanos. Ya hemos visto que no somos «mala gente» por naturaleza, un bebé no nace con ganas de venir a joder. Sin embargo, eso no impide que podamos ser bien cabrones.

Alguien que daña es alguien que sufre. Y el sufrimiento es ignorancia. No se levanta uno por la mañana, se asoma por la ventana sonriente al ver el cielo azul mientras se toma un zumito natural de naranja y dice en voz alta: «Adoro mi vida, me voy a jodérsela a alguien».

Somos nuestra peor versión con los demás cuando no somos nuestra mejor versión con nosotros mismos.

A veces querríamos quitarnos de en medio a todo aquel que vuelca sus dolencias en el resto, a aquel que se nos ha acercado y nos ha dañado, el que anda por la vida maltratando y abusando de nuestro bienestar, pero estamos conectados, todos. Y por mucho que podamos prevenirlo, jamás podremos excluirnos de experimentar ciertos conflictos que debemos resolver juntos. Pero *don't worry*, corazón de melón, que siempre hay una herramienta muy arraigada a nuestra naturaleza capaz de devolvernos a nosotros mismos y de ayudarnos a atravesar los retos con eficacia y sin destilar energía contraproducente. Es hora de descubrir la sanadora capacidad de: **la empatía.**

La empatía es la capacidad de vernos reflejados en el sentimiento ajeno. Esta increíble capacidad imaginativa nos permite vivir infinidad de vidas en un solo cuerpo. Conectar con el otro es una manera más de conectar con El Todo y ampliar nuestra percepción y sabiduría.

Como ya hemos hablado antes, el sufrimiento no deja de ser otra cosa que ignorancia. Sufrimos porque nos dominan las emociones, dado que nos falta la sabiduría correcta para entendernos mejor, y al no tener los mecanismos correspondientes entrenados, esta ignorancia nos hace y hace a otros actuar de formas poco beneficiosas en un intento fallido de encontrar alivio. Esto es así. Es la causa por la que dañamos y nos dañan. Todos tenemos este reto en común: superar el sufrimiento. Compartimos entre tantas cosas esa misma similitud. Al empatizar con ello automáticamente tenemos una postura más virtuosa que confrontadora, y esto no solo nos permitirá solventar con más templanza los conflictos, sino que atrae mejores resoluciones en tu vida. Atención porque tengo un chisme que contarte sobre una persona que puso muy a prueba mi capacidad de empatizar, pero de la que aprendí mucho.

¡CHISME! ¡CHISME!

Aún recuerdo a Juana, la loca del dálmata. Juana fue una compañera de piso que tuve en Madrid y que literalmente parecía que tenía como cometido joderme la vida. Al principio no me caía mal, me parecía que hablaba mucho y que me hacía muchas preguntas. También me sorprendía la manera en la que se morreaba con su perra. Sí, se daban lengüetazos mutuamente de una manera muy peculiar. Cuando se enfadaba con la perra gritaba muchísimo con una voz de ultratumba que salía de lo más profundo del averno. Era una voz bastante inesperada teniendo en cuenta que era una mujer de metro y medio que vestía con bailarinas y vestiditos de niña buena. Lo único que me molestaba de ella era que nunca limpiaba la casa, y encima estaba doblemente sucia por su perra, pero yo tenía veinte años y lo que menos quería era un enfrentamiento con la persona que me alquilaba la habitación. Así que la limpiaba yo, me reía de la situación y fuera. La cosa empezó a dejar de hacerme gracia cuando quiso que yo pagase más que ella por la electricidad porque decía que desde que había llegado a la casa se había disparado la factura (aunque pasaba fuera desde las siete de la mañana que iba a la universidad hasta las ocho o diez de la noche que salía del conservatorio de lunes a viernes, mientras ella estaba en casa viendo la tele todo el día). Pero para evitar el conflicto le pagué más por la luz y fuera. Luego me dijo que no le parecía bien que mi novio pasase noches allí conmigo. Y ya lo siguiente sí que fue fuerte. De repente, empezaron a aparecer en mi cesta de la ropa sucia cucarachas muertas. ¡Tal cual lo oyes! Jamás en mi tiempo previo en Madrid me había pasado algo así. Enseguida sospeché de ella. Así que un día, fingí que me marchaba a la escuela por la mañana, desayuné, me preparé, fui hasta la puerta, cerré y pasé la llave, pero no salí de la casa, en silencio me volví a mi habitación y estuve ahí toda la mañana. Y ¡sorpresa! ¿Adivina quién entró en mi habitación sin permiso sujetando un cepillo y una pala en la que había una cucaracha muerta? Efectivamente, Juana, la loca del dálmata, y ahora también de las cucarachas. Uff, me costó mucho morderme la lengua. Bueno, ¡qué coño!, morderme la lengua y mantenerme templado porque lo que quería no era solo decirle cuatro cosas, sino abrirle la boca y meterle las cucarachas hasta la campanilla. Recuerdo tener que encararla preguntándole qué estaba haciendo en mi habitación mientras empecé a temblar (siempre he odiado las confrontaciones). A ella le entró la risa nerviosa y me dijo que le pareció oír un ruido, y que entraba a ver si había alguien, que como no la avisé de que estaba en casa se pensaba que me había ido y le extrañó escuchar un ruido. Yo no le dije nada sobre las cucarachas, pero ya tenía las pruebas suficientes como para saber que debía marcharme de esta casa. Comencé a buscar piso las siguientes semanas. No la soportaba, la vida allí dentro se me hacía cada vez más densa, pero por si no había sido poco, un día hizo algo que fue la gota que colmó el vaso. Mi madre, que ya sabía toda la historia y era quien pagaba las facturas, escribió a Juana para comunicarle que no iba a pagar de más por el recibo de la luz, que pagaríamos a medias. Y a Juana no se le ocurre otra cosa que decirme a mí «Pero ¿tu madre es subnormal?». BUENO. No tenía que hacer mucho más para cruzar la línea, pero con esto la cruzó bien cruzada. Automáticamente estallé y le llamé de todo. Le dije que estaba loca, que era una guarra, que ni limpiaba ni se lavaba, que era una estafadora y una irrespetuosa, que se iba a morir sola porque no había quien la aguantase, que si dejaba la puerta abierta hasta la perra se marchaba, que solo quería perderla de vista y que me marcharía la próxima semana... Lo sé, me pasé un poquito, pero me supo a gloria.

Al rato de la discusión la oí llorar en su cuarto. No sé muy bien por qué, no entendía por qué lloraba si yo sentía que ella era culpable de que hubiéramos llegado a este punto con todas las cosas que había hecho, ¿acaso no era lo que buscaba? Pero, aunque nunca supe por qué, lloraba escondida, estaba sufriendo, algo no iba bien y probablemente ese era el motivo por el que era como era.

Creemos que los seres humanos nos hacen las cosas deliberadamente a nosotros. Y puede ser así, quiero decir, Juana me tiraba cucarachas en la cesta de la ropa, eso está claro que me lo hacía ella a mí. Pero, aunque esa pueda ser la consecuencia, la causa nunca es dañar a otro por dañar a otro. Nadie *nos* hace algo, uno hace algo porque una carencia o insatisfacción le empuja a comportarse de esa manera en un intento desesperado (y poco efectivo) de sentirse mejor. A nosotros también nos ha pasado y, probablemente, Juana sentía unas carencias que la llevaron a tener ese comportamiento (por muy inexcusable que parezca). ¿Puedes imaginar por qué nos pasa esto? Está muy relacionado una vez más con un viejo amigo que ya conocemos. Tenemos una pequeña vocecita, un miniyó que intenta posicionarse como el centro de todas las situaciones. Vocecita pequeña, pero de gran influencia que se hace pasar por nosotros y nos dice que vela por nuestro bien. Este miniyó, aunque suene muy convincente, realmente tiene otras intenciones y, en realidad solo limita la verdadera y expansiva realidad de lo que somos.

La gran mayoría de conflictos que se dan con otros seres humanos están proyectados desde las lentes del miniyó, que nos dice: «*nos* están tirando cucarachas a la ropa», «*nos* están intentando quitar dinero de la luz», «*nos* están utilizando para limpiarles la casa». Pero ¿quién es el miniyó? ¿Te suena de algo? ¿Por qué se comporta así y nos dice las cosas que nos dice? El miniyó es una versión nuestra en pequeñito, que está por ahí dentro, enano, limitado, insignificante y solitario que cree que la realidad es él contra el mundo, y eso es lo que nos dice. Cree que somos sustancias independientes de El Todo y de otros, e ignora lo interconectados que estamos, y por eso se separa de los demás. **El miniyó es la voz del Ego.**

El miniyó es una visión equivocada de lo que somos fundamentalmente.

El miniyó nos dice que la gente *nos* hace cosas, y estas cosas que *nos* hacen, provocan que estas personas nos gusten o no. Él es así, muy egocéntrico, muy suyo. La realidad, sin embargo, es que esto son solo proyecciones que provienen de nuestro interior, no de los demás, y nosotros las interpretamos como la realidad.

> *Creemos que otros nos enfadan, como si el enfado viniese de fuera.*
> *Creemos que otros nos hacen sentir amor, como si el amor viniese de fuera.*

Esto hace que entrenemos en una desconexión entre nosotros y los demás, porque todo cuanto pasa está enfocado en que *nos* pasa y nunca en lo que les pasa a otros. Además, en esta visión distorsionada de la realidad, la voz del miniyó nos deja totalmente desvalidos ante las decisiones de otros y de la vida que nos rodea, inútiles y sin control. Porque todo *nos* pasa y *nos* lo hacen, todo parece estar decidido desde afuera, por otros y deliberadamente (nunca sentimos que a ellos también les pasan cosas), y, por consiguiente, llegamos a la conclusión de que la única manera de controlar lo que nos pasa, es controlando a otros. Entramos así en este círculo vicioso de completa desconexión y aislamiento de todo cuanto nos rodea, mientras intentamos controlar y manejar lo que no podemos ni controlar ni manejar. Solo podemos controlar lo que pasa en nuestro interior, para desde ahí influenciar en el exterior. Controlar a otros es aparentar ser lo que creemos que otros quieren que seamos, para que nos digan lo que nosotros necesitamos oír y evitar que nos hagan lo que no queremos que nos hagan, aunque nunca tengamos certeza de ello y solo consigamos alejarnos aún más de nosotros mismos. ¡Uff, qué pereza! Cuánta energía derrochada para tan poco efecto.

Sin empatía, además, gracias al miniyó creamos esta configuración entre nosotros y otros. «Como me habló mal, o me trató mal, es un enemigo o una persona opuesta a mí». Y **tomamos una acción para definir la totalidad de lo que es una persona.** «Me dejó en visto, es soberbia», «me habló bruscamente, es antipático». Esto es ignorancia, dado que ignoramos todo lo que uno es y proyectamos únicamente la obra dramática que nos hemos montado en nuestra cabeza donde ellos son el villano y nosotros la víctima. Y como ya hemos visto, la ignorancia se traduce en sufrimiento.

Así empezamos las telenovelas que protagonizamos. A mí me encanta una telenovela, no me malinterpretes, pero la verdad, es mejor verla que vivirla. Con estos cuentos decidimos lo que es bueno y queremos que se quede, y lo que es malo y queremos que se aleje. Y alejándonos aún más de la empatía adoptamos el papel de juez.

El papel de juez

El papel de juez es esa postura ante la vida en la que creemos que poseemos la verdad absoluta de una situación y la juzgamos con impunidad, dado que creemos conocer la totalidad de su complejidad. Identificando, censurando y condenando a otros por sus acciones, esta persona es así y esa otra es asá.

Esta postura nos pone en una posición superior y nos separa de otros. Y quizás podríamos ser jueces de la vida si fuésemos seres omniscientes, capaces de tener una visión de quién es esa persona y por qué es así. Pero no tenemos nada de omniscientes, no nos sabemos ni los cumpleaños de nuestros amigos, mucho menos nos vamos a saber todas las circunstancias que conforman las conductas de un individuo...

El papel de juez lo ejercemos con otros, pero lo que le hacemos a otros también lo acabamos perpetuando con nosotros mismos, porque somos con otros lo que somos con nosotros mismos.

Y he aquí la revelación. **La interconexión es nuestro fundamento natural.** No podemos dañar a otros sin acabar dañándonos a nosotros mismos, de hecho, dañamos a otros, porque algo nos duele. Por lo tanto, empatizar con el dolor de otros, es empatizar con nuestro propio dolor.

Rechazamos completamente a alguien que nos ha sacado de quicio. Lo queremos fuera de nuestro espacio, de nuestro campo de visión, de nuestra vida: «quítate de mi vista que no te quiero ni ver». Y hasta podemos tener deseos intensos, como querer arrearle una buena patada en el culo y que llegue al planeta más alejado de nosotros, entre otras cosas (no te lo voy a negar, yo deseé dársela a Juana). Pero mientras rechazamos que exista algún tipo de conexión con esta persona, paradójicamente, no dejamos de establecer una enorme conexión emocional y afectiva, por eso nos enfadamos y angustiamos tanto en relación con otros. Rechazamos la conectividad que tenemos con ellos, pero vivimos las emociones hacia esta persona con tremenda intensidad; en fin, la hipotenusa. El vínculo está ahí, innegablemente, no es que no exista, es que lo malinterpretamos. Somos uno, somos parte de El Todo. Al ampliar la visión ante los conflictos con empatía, alineamos nuestra forma de afrontar un confrontamiento con la base más firme, más fundamentada en la naturaleza de las cosas y no en las telenovelas del miniyo que están llenas de emociones dañinas. Por ello:

> *Las emociones dañinas son simplemente emociones desalineadas con la realidad, porque bajo la influencia del ego y la falta de empatía, luchan por rechazar una conexión que claramente es real.*

Yo soy el primero que no quiere tener nada que ver con ciertos especímenes que se me acercan para ofenderme o maltratarme, pero inevitablemente son mis hermanos, y nos parecemos mucho más de lo que ellos mismos creen, incluso cuando han tratado de dañarme.

Otra de las cosas que más gracia me hace de las telenovelas que protagonizamos es que de todas las cosas que *nos* pasan, parece que siempre son malas. ¿Estamos siendo realmente objetivos o es el miniyó filtrando lo que le interesa para protagonizar su película? Una pregunta efectiva para desvelar lo poco objetivos que estamos siendo es: ¿a cuántas cosas amables que nos han pasado hoy le estamos dando importancia? Si alguien nos habla bruscamente, se nos queda grabado y nos pasamos todo el día repitiéndonos lo desagradable que alguien fue con nosotros. Es como un imán para nuestra atención, pero ¿hacemos lo mismo con los gestos de bondad?

Filtramos lo que nos interesa para contarnos el cuento que nuestro ego quiere oír, y asumimos que estamos viendo la realidad tal como es y no una mera interpretación.

Recuerdo que una vez trabajé en una tienda de lujo, donde tenía que lidiar con muchos clientes. Odiaba el servicio al cliente, pero la verdad aprendí muchísimo sobre relaciones humanas. Cuando un cliente venía con un pedo atravesado me ponía de supermal humor. Yo siempre le trataba con mucha educación porque así me criaron mis padres, pero una vez se iban me pasaba todo el día preguntándome cómo podía alguien ser tan desagradable. Hasta le contaba indignado a cada uno de mis compañeros lo amargado que había sido el cliente una y otra vez, sin darme cuenta de que al final del día había atendido a cientos de personas que fueron muy simpáticas, que me dijeron cuánto les gustaba el color de mis uñas o qué bonita era mi piel. A esos no les había dado la más mínima trascendencia.

El mismo patrón de conducta que yo perpetuaba, en el que arrastraba y permitía a esta experiencia negativa definir el resto de mi día, era probablemente el mismo patrón de conducta que hizo a ese cliente desagradable trasportar su sufrimiento a otros, que en ese caso era yo. Sabiendo esto, podemos empatizar con el sufrimiento perpetuado en el que nosotros también nos podemos reconocer, y que estas personas están siendo incapaces de identificar. La vida está llena de etapas dolorosas inevitables, pero como el Buda afirmó:

El dolor es inevitable, el sufrimiento es opcional.

Está en nuestra mano (o, mejor dicho, en nuestra mente) aprovechar los momentos difíciles para convertirlos en sabiduría o amargura. Todos podemos reconocer haber tenido mejores y peores momentos de conducta hacia otros. Todos sabemos que tenemos el potencial de ser realmente dañinos. Todos podemos reconocer que cuando peor hemos sido con otros, peor estábamos con nosotros mismos. Todos olvidamos que alguien que daña es alguien que no está feliz, alguien que sufre. Todos somos familia, y como familia debemos sentir compasión por el sufrimiento del otro como si fuese el nuestro.

Ante el reto de la ofensa, sé agradecido con todos.

Todo suma, nada es en vano. Lo he dicho mil veces y lo vuelvo a repetir. Cada encontronazo desagradable de la vida aporta algo a nuestro progreso evolutivo por muy difícil que a veces sea identificarlo. Algunos retos son más difíciles de analizar, desentramar y sanar. Los maestros se presentan ante nosotros de maneras varias. No nos merecemos que nadie nos trate mal, pero sí nos merecemos tener las herramientas correctas para dejar de ser la víctima de la historia y convertirnos en el héroe que, con las armas de la virtud, salió airoso de las más arduas batallas e incluso salvó a sus hermanos.

Una vez escuché a una monja poner un ejemplo que decía: imagínate que tienes una amiga que está atravesando una ruptura con su pareja, el primer día de la ruptura te llama llorando a las dos de la madrugada. Le cogemos el teléfono, la consolamos y luego volvemos a dormir. Pero a las cuatro te vuelve a llamar. Volvemos a coger la llamada, pobrecilla, está en un mal momento, lo entendemos. Nos volvemos a dormir y a las seis de la mañana vuelve a llamarnos. En fin, es normal, acaba de romper con su pareja, está devastada… A la noche siguiente vuelve a pasar. Te llama a las dos, a las cuatro y a las seis, y al día siguiente otra vez lo mismo… ¿Cuántos días más ibas a cogerle la llamada? No te sientas mal con la respuesta, probablemente al segundo día yo ya le habría pagado un psicólogo con tal de que me dejara dormir, pero para que nosotros estemos aquí, **alguien respondió a nuestra llamada muchas veces.**

Estamos rodeados de gestos de bondad y personas que nos cuidan. Desde la infancia, cuando llorábamos y dábamos caca y babas a cambio de amor y cuidados, hasta esa persona que se ofrece a subirte la maleta por las escaleras, o aquella otra que te sujetó la puerta. Si no fuese así, no habríamos llegado hasta aquí.

Todas y cada una de las personas que nos cruzamos son parte del entrenamiento. Unos retan nuestra paciencia y foco a la hora de conectar con el amor y la compasión, y otros se ponen ante nosotros para entrenar la capacidad de apreciar y valorar en momento presente sus gestos de bondad y así reeducar la carente voz del miniyó.

Un año después de vivir con ella me volví a encontrar a Juana en un paso de peatones. Estaba totalmente cambiada. Su media melena rubia había pasado a ser un pelo corto negro, llevaba ropa oscura y pantalones vaqueros rasgados en lugar de sus vestidos de muñeca, y un *smokey eye* similar al de Avril Lavigne. Al principio no la reconocí, estaba a mi lado esperando para cruzar y noté sus grandes ojos clavándose en mí desde ahí abajo. Bajé la mirada hasta su metro y medio de altura y vi a una persona totalmente desconocida que me sonreía y me miraba fijamente. Yo, sin reconocerla solo sonreí y volví a mirar al frente para cruzar. Al disponerme a caminar hizo un gesto histriónico de enfado por no haberla saludado. Fue una reacción tan bizarra que automáticamente supe que era ella. Tras haber tenido tiempo para reflexionar sobre cómo acabaron las cosas entre nosotros y, sobre todo, respecto a la poca empatía que tuve al enfrentar la situación, quise ponerla a prueba esta vez conectando con su sufrimiento. Me giré y le dije: «¡Juana!, ¿eres tú?». Con alegría y emoción. Su expresión de enfado cambió y volvió a sonreír muy eufórica. Nos contamos un poco cómo nos iba la vida. Ella ya no era teleoperadora, ahora paseaba perritos y me alegré porque sé que le encantaban. Obviamente no quise proponer una amistad, pero sí le hice saber que me alegraba de sus nuevos comienzos y también, de que esta vez hubiéramos podido intercambiar unas sonrisas. Me hizo feliz regalarle algo de cariño por si le pudiera hacer falta. Antes de irse me dio un abrazo que se sintió sincero. Nunca más volví a ver a Juana, pero aún hoy su nombre está en mis plegarias donde le deseo toda la felicidad que pueda encontrar.

Vamos a pensar en las Juanas de nuestras vidas, que seguro tenemos unas cuantas. Visualiza ciertas personas que se han comportado de forma desesperada y dañina contigo y analiza las conclusiones que sacas de los siguientes planteamientos:

* Observa la imagen que tienes de las Juanas que se te vienen a la mente, ¿cómo las definirías? Presta atención cómo lo haces y la imagen que tienes de ellas, ¿te reconoces adoptando el papel de juez? («Está loca», «es una egoísta», «solo sabe mentir»). ¿Tenemos una visión omnisciente del recorrido de causas y condiciones que influyen en esta persona para concluir esos juicios? Ve más allá de las experiencias que te han demostrado que esta persona es «así» e imagínatela en casa en sus momentos de soledad, ¿conectas con su naturaleza? ¿Puedes visualizar mejor que haya otras razones que la lleven a actuar de esta manera?

* Piensa en algunas personas que tengan estilos de vida, cosas, cuerpos, parejas o logros profesionales que te gustaría alcanzar. ¿Sueles decir cosas como «ella lo tuvo más fácil porque...», «si yo tuviese esa ayuda lo haría mejor», «lo hizo a propósito porque es así»? Ahora piensa en tus logros, ¿alguna vez alguien te ha hecho sentir que lo que has conseguido no es tan difícil? ¿Alguien ha quitado mérito a tus hazañas? ¿Cuál crees que es el motivo por el que esa persona no entiende y no debería fundar una opinión sobre tu experiencia? ¿Consideras que tú haces lo mismo cuando haces esos comentarios?

* Piensa una situación de conflicto que hayas vivido con alguien donde hayas concluido que esa persona es algo solo por su comportamiento. Ahora revisa la etiqueta y reoriéntala hacia la acción, y no hacia la persona. «Su comportamiento fue "algo", pero esta persona es mucho más que eso». Ve más allá y trata de pensar ahora en ciertos atributos y cualidades positivos que sepas que tiene o ha demostrado.

* Piensa en esta acción que alguien hizo y te dolió. ¿Es realmente dañina o solo no te beneficia? Pregúntate, ¿para quién, quienes o qué fue dañina o beneficiosa esta acción? Trata de indagar bien en las motivaciones que la llevaron a cabo y en los resultados que realmente provocó. Si, en efecto, es dañina, conecta con la carencia y el sufrimiento de esta persona. Practica la compasión hacia ella, recuerda que es imposible dañar a otros sin dañarnos a nosotros mismos.

Práctica de Tonglen

Voy a explicarte una práctica meditativa de tipo analítico para ejercitar la mente en la compasión, usando situaciones incómodas y dolorosas para trabajar la empatía y tratar nuestro sufrimiento a la vez que cuidamos el de otros.

* Siéntate en una postura cómoda pero erguida y vigilante. Comienza la práctica centrando tu atención en tu respiración hasta que te encuentres concentrado.

* Elige una situación de sufrimiento que reconozcas, física o mental, y que quieras trabajar: enfado, dolor de barriga, discusión con tu figura materna, celos, la muerte... Visualiza la sensación. Trata de atraer cómo se siente física y mentalmente.

* Piensa en todas las personas que pueden estar sufriendo esa situación. No los conoces, pero sabes que existen. Conecta con ellos, visualízalos frente a ti.

* A continuación, inhala y siente que absorbes todo el dolor y sufrimiento de todas esas personas que tienes frente a ti. Visualiza su sufrimiento en forma de humo denso y negro que absorbes y al exhalar expúlsalo convertido en luz sanadora. Siente como sanas su sufrimiento.

* Al terminar de sanar sus sufrimientos, cuando el aire sale limpio, empieza a enviar sanación y causas de felicidad. Envía luz, envía amor, envía paz.

Esta práctica se puede llevar a cabo con uno mismo, teniéndote a ti mismo delante, o imaginando a un ser querido o conocido. Conecta con su sufrimiento y elimina sus causas. Si atraviesan una enfermedad puedes intentar sentir el dolor físico y el temor por el que pueden pasar. Inspíralo y devuelve todo lo que necesite: sanar, descubrir la cura de su enfermedad, puedes enviarle los fondos necesarios para costear el tratamiento o fortaleza y seguridad. Da rienda suelta y sé todo lo concreto que puedas.

LA MUERTE, MI NUEVA BESTIE
La ley de impermanencia

Querido diario, la muerte es tan impredecible como un eructo. Nunca lo esperas, pero, de repente sube y dices, uy, tengo un eructo. Luego ya tienes la opción de dejarlo salir sonoramente o aguantártelo. No sé, cada uno que haga lo que quiera con su eructo. Lo que está claro es que es impredecible e ineludible. Tanto como la muerte. Bueno, con la muerte no tienes tantas opciones como con el eructo. Cuando la muerte llega, llega, lo único que puedes hacer es..., pues aceptar que estás frente a una de las situaciones más trascendentales de la propia vida y transitarla en el momento como puedas, porque es difícil saber cómo nos vamos a desenvolver hasta que se planta frente a ti.

La muerte es, como todo en la vida, un cambio. Todo cuanto nos rodea está en constante cambio, nuestro ser, como las montañas o las rocas, se erosiona con el tiempo hasta que pasa a ser parte de otras formas y creaciones del universo. Pero no desaparece, tan solo se desintegra la experiencia del ego y la energía que somos pasa a formar parte de la naturaleza de El Todo hasta que las causas y condiciones vuelvan a generar cualquier otro tipo de forma en la que esa energía habite.

La existencia es impermanente, nada perdura en el tiempo para siempre, todo es cambio.

De hecho, las células de nuestro cuerpo están muriendo y naciendo todo el tiempo. Somos un continuo de nacimiento y muerte. En el budismo se dice que hemos experimentado la muerte más veces de las que nos hemos ido a dormir en esta vida. Sufrimos por la muerte porque nos resistimos al cambio, y el cambio es la ley natural de la vida.

En la cultura moderna tendemos a negar que las cosas que conocemos están en continuo cambio y nunca serán como son. Esta es **la ley universal de la impermanencia: todo cuanto existe dejará de existir tal cual es.** La tendencia a apegarnos a las cosas hace que esta ley nos provoque tanto sufrimiento innecesario. Queremos que lo que nos agrada esté ahí inmutable para siempre, queremos ser siempre jóvenes, seguimos perpetuando ideas como el «soy así» negando el evidente suceso evolutivo de todo cuanto es. Y aunque resulta nostálgico pensar en esta ley, no necesariamente es algo negativo para nosotros. Igual que lo que nos agrada es pasajero, lo que nos disgusta también. Algo que te provocaba terror hoy puede resultarte indiferente en unos años. Si observas los sucesos a tu alrededor y te preguntas si será eternamente inmutable, te darás cuenta de que la respuesta siempre será no.

> *«Un ser no puede bañarse dos veces en el mismo río, ya que ni será el mismo río, ni tampoco el mismo ser», Heráclito.*

La muerte no se escapa de esta ley, es de hecho el claro resultado de ella. Está claro que la muerte para nosotros puede interpretarse de muchas maneras, pero solo podemos afirmar con certeza que, de entre todas las cosas que pueda ser, definitivamente es parte de la vida.

¿Qué sería la vida sin la muerte? ¿Cómo podríamos ser conscientes del acto de vivir si no supiéramos que también existe el morir? ¿Tendría el vivir la misma importancia si así fuera? La muerte es sin duda un concepto que nos hace cuestionarnos cómo vivimos. Es un maestro que pone nuestra vida en perspectiva y nos ayuda a replantearnos cómo estamos llevándola a cabo.

La idea de la muerte provoca tremendo pavor en muchos corazones. ¿Es la muerte tan terrorífica o quizás nos hemos parado muy poco a charlar con ella? ¿Estamos más acostumbrados a dialogar sobre nuestra relación con la muerte o, en su lugar, preferimos evitar esos temas que nos revuelven un poco las tripas y nos entristecen? Si la muerte es parte de la vida, ¿por qué nos entristece? Si la muerte es la única certeza que tenemos al ser poseedores de la vida y sabemos que no puede existir una sin la otra, ¿por qué las separamos? ¿Nos asusta realmente la muerte o es lo que se lleva la muerte lo que no queremos perder? ¿Será miedo a lo que viene después? ¿Es miedo a la muerte, o una vez más, miedo innecesario a lo desconocido?

El pavor a la muerte viene provocado por el apego a la vida. Como ya hemos visto, lo desconocido nos da miedo, y gracias al ego tendemos a apegarnos a todas esas cosas que nos hacen sentir protegidos o seguros. La muerte realmente no es más que un tránsito ineludible de una forma de energía a otra, porque todo cuanto es, incluidos nosotros, es energía y como bien sabemos:

La energía ni se crea ni se destruye,
se transforma.

La muerte se plantó en mi vida antes de lo que esperaba. La primera en marcharse sería mi abuela paterna. Un cáncer. Se la llevó muy rápido. Un día estaba en sus brazos, comiendo caramelos de nata, que me encantaban y siempre tenía para mí, y de repente no la volví a ver más. Que se había ido al cielo me dijeron. ¿Cómo? ¿Sin decirme adiós? Efectivamente, sin decirme adiós. Y mi padre tendría probablemente la edad que tengo yo ahora mismo cuando tuvo que escribir el último capítulo de la historia junto a su madre, ¿qué pena, no? ¡Todas las cosas que faltaban por compartir! Vacaciones en familia, Navidades juntos... ¡Nunca le pude decir a mi abuela que querría ser artista! Sí, definitivamente esto nos da mucho miedo de la muerte, lo que nos vamos a perder cuando decide llevarse algo con ella.

Mi abuelo materno, el padre de mi mamá se separó de su mujer, mi otra abuela, y se vino a vivir con nosotros a nuestro humilde hogar en construcción. Qué tiempo tan bonito tuvimos con él. Era músico y le encantaba despertarnos por las mañanas tocando la guitarra. Se desvivía por su arte y nos alegraba la existencia. Un día cualquiera la música dejó de sonar por las mañanas. Un trombo en un pulmón. La muerte decidió hacer una visita más y con ella le tocó a mi mamá cerrar el libro de anécdotas compartidas con su papá. Yo realmente no era consciente de que nunca les volvería a ver, era muy pequeñito para asumir el dolor que podía suponer esta idea. Pero con el tiempo entendí que los caramelos de nata no sabrían igual si no fuese por mi abuela Tita o el sonido de la guitarra no despertaría la misma calidez en mi corazón si no fuese por mi abuelo Esteban. La muerte llega y arrasa tras su paso, pero los actos de amor que hacemos en vida traspasan generaciones y dejan una huella eterna. Una huella que ni siquiera la muerte se puede llevar.

Las emociones como el miedo, la pena o la soledad son tan bienvenidas como la alegría, el amor o la abundancia. Somos humanos y aceptar el torbellino emocional es aceptar que estamos vivos. Pero como hemos visto, el dolor es inevitable, el sufrimiento es opcional. Paradójicamente podemos llorar la falta de alguien con una media sonrisa en los labios, enfocándonos en el amor que nos unió, en el milagro que supone el conjunto de causas y condiciones del cosmos que han permitido que tú y esa persona hayáis sellado ese vínculo eterno con tanta cercanía.

Podemos abrazar la muerte. ¡Prepararnos incluso para ella! Al Dalai Lama le preguntaron una vez qué pensaba de la muerte y respondió con emoción que tenía muchas ganas de transitarla. Nunca nos planteamos a dónde vamos al dormir, más bien estamos deseando cerrar los ojos para descansar. El universo no tiene fallas, y como ya hemos descubierto, tratar de hacer su trabajo y mantener bajo nuestro control cosas que no están en nuestras manos solo sirve para crearnos angustia, malestar y ansiedad, una energía nada beneficiosa. No tenemos que hacer nada de eso, tan solo respirar aquí y ahora, soltar en sus manos la responsabilidad y confiar, porque ya sabes que el universo se encargará de que tu energía o la de tus seres queridos transicione en la dirección más virtuosa y acorde con la frecuencia en la que vibremos. Así que vibra desde el corazón en la paz, vibra en el amor y convierte la felicidad en ese propósito donde la muerte solo es una amiga que nos abre una puerta más que explorar.

PLANTANDO SEMILLAS

Querida bolita de energía, sí te estoy hablando a ti, porque eres energía, como todo lo que hay a tu alrededor. Lo de bolita no es porque seas redonda, solo me pareció cuqui. Querida forma cualquiera que sea energética, llevas mucho tiempo metida en esta burbujita llamada cuerpo humano y desde que cobraste conciencia en él, has absorbido ideas que te han hecho identificarte demasiado con un cuerpo físico y limitado que tarde o temprano perderá facultades para seguir portándote tal cual te reconoces. Y esto te duele, porque crees que este cuerpo es lo que eres y que, sin él, ya no serás. Vamos a reconectarte con lo que realmente eres, ampliando tu visión fuera de este cuerpo, mirando más allá de nuestras narices para concebir la vida y la muerte como un simple tránsito del camino que no solo hemos recorrido más veces, sino que, en lugar de dividir la realidad en varios planos, nos une con El Todo.

* Observa a tu alrededor. Contempla la naturaleza impermanente de todo cuanto te rodea. Pregúntate, ¿esta lámpara siempre fue una lámpara? ¿Qué fue antes de ser lámpara? ¿Qué causas y condiciones la han convertido en la lámpara que es? Y si antes no era una lámpara y ha cambiado hasta serlo, ¿será ahora una lámpara para siempre? ¿En qué cosas puede transformarse una lámpara? Puedes practicarlo con cualquier sustancia a tu alrededor.

* Piensa ahora en cualquier sustancia u objeto. ¿Crees que puede pasar de ser algo a ser nada? ¿Crees que algo puede pasar de ser nada a ser algo? Si enciendes una cerilla, por ejemplo, al ver la llama que antes no ardía podría parecer que surgió de la nada. Sin embargo, al observar detenidamente vemos con claridad que las causas para que la llama se diese estaban ahí: el fósforo y una superficie áspera. Estas causas, sumadas a la condición idónea, la fricción, han provocado una llama, que no proviene de la nada, es energía que se ha transformado a una nueva forma tras darse las causas y condiciones necesarias para que esta forma ahora se presente así, pero siempre estuvo ahí. Y, ¿qué pasa si soplo la llama? Se apaga, se

desvanece ante nuestros ojos ¡ahora sí que ha pasado de ser algo a ser nada! O quizás es solo lo que parece para una mente poco atenta, pero si te retiras el velo de los ojos, podrás observar cómo la llama se ha dispersado en el espacio en forma de humo. Teniendo esta idea en mente, observa a tu alrededor y pregúntate: ¿puede algo pasar de ser algo a ser nada? ¿Y puede nada pasar a ser algo?

* Piensa en ti mismo. ¿Hace quince años tenías la misma cara? ¿Y qué me dices de hace cuarenta? Quizás no habías nacido, de hecho, ese momento en el que no habías nacido, ¿dónde estabas? ¿Crees que eras nada? Si tomamos la ley de la energía probada por la ciencia como una verdad inmutable e innegable de que la energía ni se crea ni se destruye, sino que se transforma, ¿qué te hace pensar que tú puedas ser un evento aislado del cosmos en el transcurso del espacio tiempo? ¿Realmente somos tan únicos e importantes como para suceder, pasar por aquí de forma inédita y desaparecer? ¿Crees que esta visión de la vida y la muerte está más relacionada con apegarnos a lo único que conocemos y rechazar por miedo lo que está más allá de nuestro control?

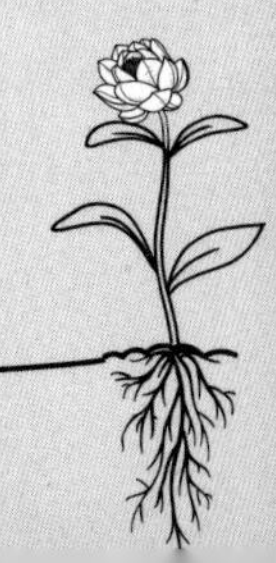

CONCLUSIÓN: ESTOY AQUÍ, HE LLEGADO

Hemos llegado al final de este viaje que es el principio de uno mucho más bonito, intenso, profundo y hermoso, lleno de maestros, con propósito e infinidad de memorias que cosechar. Ahora cuentas con una visión panorámica de grandes y extensos conocimientos milenarios del estudio de la mente y de las emociones. Puede parecer abrumador, que tenemos que dar completamente la vuelta al mosaico y empezar de nuevo, reconfigurar cómo percibimos la vida porque lo estamos haciendo todo al revés, generando la energía que queremos evitar. Pero el mosaico no es plano, no tiene dos caras, es redondo y magnético, y no te hace falta darle la vuelta. Tan solo hay que empezar a verter en él los conceptos que vamos absorbiendo y observando, para que vayan decorando por sí mismos toda la superficie. Sin estrés, sin agobios, fuera, fuera esa energía, y *pa* dentro una respiración profunda. Poco a poco, de uno en uno o hasta de medio en medio.

La práctica y el dominio de la virtud van tomando terreno sutilmente. No es una cuestión de memorizar todos los conocimientos de la noche a la mañana para poder aplicarlos desde el primer momento, sino de ir dejando que tu subconsciente los lea y relea, los recuerde y los vea, y los vuelva a leer y a releer mientras los va poniendo en práctica. Recuerda con qué facilidad nace un hábito, suelta y confía.

Espero que este libro te haya aportado la sabiduría necesaria para conocer tu naturaleza espiritual, tu capacidad creativa y tu interconexión con El Todo. Espero que ahora puedas utilizar las herramientas necesarias para manejar y observar tus emociones, generar la energía atrayente y abundante que mereces. Todo esto conectando con lo único que es real, el amor, en el único momento que es real, el presente.

Toma este *Querido diario* como un manual de existencia al que recurrir en cualquier momento. Podrás regresar a él para refrescar conocimientos concretos y poder gestionar mejor los retos que nos presenta la vida, para recordar y volver a dedicar el tiempo necesario a las prácticas sugeridas. O simplemente abrirlo de manera aleatoria en cualquier capítulo o página, en cualquier momento del día, para leer uno, dos o tres capítulos. O simplemente llevarte una sonrisa, una práctica, una anécdota, un relato milenario espiritual, una pequeña cita que te recuerde los valores tan valiosos que nos devuelven a nuestro centro.

Este *Querido diario* es un íntimo amigo, es alguien que te da la mano *pa* las cosas buenas y *pa* las malas. Eso es lo que tienes aquí, siempre estará dispuesto a escucharte, a abrirse a ti para darte el más beneficioso de los recordatorios y la más profunda de las sabidurías del corazón.

Es hora de dejar de buscar ahí fuera y empezar a crear desde aquí dentro. Eres artista, eres magia, tu impacto y poder alcanzan límites insospechados. Tu voluntad importa, eres parte de El Todo, y El Todo sin ti ya no sería todo.

Ahora ya tienes las llaves para abrir las puertas y dejar entrar el poder del universo que nos abraza y nos ayuda a dejar de vivir como objetos aislados enfrentados al devenir.

Ahora ya conoces los principios para deconstruir, reconstruir y generar hábitos y acciones que llenen tu vida de satisfacción y atraigan los frutos más preciados.

Ahora ya puedes ser lo que siempre mereciste ser, virtud, satisfacción y autenticidad, ahora ya toca ser feliz, aquí y ahora.

Ya puedes llenar de amor, paz y felicidad, no solo al mundo que te rodea sino a través de él a ti mismo/a/e. Y así, mientras recorremos el viaje de la vida, mientras alcanzamos nuestras metas más satisfactoriamente que nunca, y mientras nos dejamos sorprender por existir, cada noche, cada mañana, cada segundo y cada instante, por fin podemos decir: **estoy aquí, he llegado.**

A ti, que has llegado hasta aquí conmigo, no voy a dejar de aprovechar este momento para decirte que te quiero. Y quiero que lo sientas de verdad porque así es. Estamos juntos en esto, el camino no es difícil, pero sí desconocido..., hasta que deja de serlo. Tan solo necesitábamos un mapa, y ahora lo tenemos. No tengas miedo, pásatelo bien y ten amor. Siempre amor, solo amor y confía...

> *Siempre has tenido todo lo necesario para ser feliz, solo tenías que darte cuenta. Ya estás aquí, ya has llegado.*

Nos vemos en El Todo, eternamente y nunca en el mismo lugar, pero siempre en presente y con una media sonrisa.

Con amor, Tazarte.

NOTAS